LA
LIBERTÉ DU TRAVAIL

ET
LE COLLECTIVISME

> « Pour combattre efficacement un adversaire
> qui compte, il faut d'abord savoir ce que veut
> cet adversaire, et ce que, d'après ces principes,
> il doit vouloir. »
>
> A.-E. SCHAEFFLE.

PAR

PIERRE COLOMB
Avocat à la Cour d'Appel
Docteur en Droit

PARIS

V. GIARD & E. BRIÈRE
LIBRAIRES-ÉDITEURS
16, RUE SOUFFLOT ET 12, RUE TOULLIER
—
1908

LA
LIBERTÉ DU TRAVAIL

ET
LE COLLECTIVISME

« Pour combattre efficacement un adversaire
qui compte, il faut d'abord savoir ce que veut
cet adversaire, et ce que, d'après ces principes,
il doit vouloir. »

A.-E. SCHAEFFLE.

PAR

PIERRE COLOMB
Avocat à la Cour d'Appel
Docteur en Droit

PARIS

V. GIARD & E. BRIÈRE
LIBRAIRES-ÉDITEURS
16, RUE SOUFFLOT ET 12, RUE TOULLIER
—
1908

A M. GIDE

Reconnaissance
P. C.

LA LIBERTÉ DU TRAVAIL
Et le Collectivisme

PRÉFACE

Le socialisme moderne hésite à sortir d'une équi-
voque où sa tactique s'embarrasse : d'une part, les
socialistes « scientifiques » assurent qu'ils « per-
draient leur temps en réglant les détails d'organisa-
sation de la société future » (1) ; d'autre part, s'ils

---

1. Gabriel Deville. *Principes socialistes*. E. Giard. —
De même G. Sorel : « Nous ne pouvons dire ce que
sera la société collectiviste, pas plus que nous ne pouvons dire ce que sera la machine à vapeur dans un siè-
cle : tâchons de comprendre et de juger ce que nous
faisons. » (*L'ère nouvelle*, mars 1894.)

De même Jules Guesdes : « Les socialistes d'aujour-
d'hui se sont mis à l'école des faits ; ils ne prophétisent
pas : ils observent et concluent. » (Discours parlemen-
taire du 16 juin 1896.)

Bref, les socialistes en général, s'inspirent de la tactique de Karl Marx qui dédaignait « de formuler des
recettes pour les marmites de l'avenir ». Ce qui n'empêche pas Jules Guesdes, dans ses discours électoraux,
de compter sur l'organisation et l'action du parti pour

agissent, c'est pour aboutir, et le succès peut, chaque jour, être au bout de leur action. Ainsi, ces militants désirent faire passer au plus vite la doctrine dans les faits par le moyen de la loi, et ils prétendent cependant laisser l'évolution dessiner elle-même lentement les traits d'une société qui deviendrait l'œuvre du temps. Obscurité et contradiction. Si donc, soudainement, par le jeu normal du suffrage universel, ou « par l'action directe » de la classe prolétarienne soulevée, la volonté collective exigeait une reconstitution sociale basée sur le collectivisme, les socialistes au pouvoir consentiraient seulement alors à modeler toutes les pièces de l'organisme nouveau. C'est en toute hâte, et sous peine de déchéance, qu'il leur faudrait ajuster aux temps présents les principes — enfin victorieux — des dernières professions de foi.

Il est vrai que les systèmes sociaux sont chancelants qui prétendent emprisonner trop étroitement l'avenir, soit qu'une observation plus attentive des faits vienne un jour saper l'édifice théorique cons-

———————

susciter, à une date très rapprochée, l'avènement du prolétariat. Et voilà la contradiction, car aucun plan précis ne sort pour cela des laboratoires d'économie politique.

truit sur les observations précédentes, soit qu'une rénovation des mœurs, due à des progrès techniques ou moraux, rende inutile, ou non adéquate à la situation nouvelle, telle solution jadis proposée. C'est pourquoi les socialistes hésitent à fixer leur pensée dans un plan d'architecture sociale où les hasards de l'évolution pourraient un jour les amener à opérer des modifications qui déconcerteraient les masses. Il faut, pour subsister, s'adapter à la vie mouvante ; le socialisme avisé veut être en état continuel d'adaptation ; c'est pourquoi, suspendant toute prophétie sur la bouche de ses rares prophètes (1), il se cantonne

---

1. M. Jaurès avait annoncé le dépôt d'un projet de loi sur l'organisation de la propriété sociale et le fonctionnement pratique du nouveau régime de la production. Il a d'ailleurs toujours fait effort pour ne pas obéir à la préoccupation politique que nous signalons. Néanmoins, il ajourne périodiquement la publication du projet. Ce n'est peut-être pas un des moindres sacrifices que le grand orateur fait à l'unité socialiste dont il est le régulateur habile et souple : les difficultés de la transition du mode actuel de propriété au mode nouveau imprimeraient nécessairement à une semblable loi une allure opportuniste qui affecterait les éléments intransigeants du socialisme unifié. Cet essai ranimerait à l'intérieur du parti toutes les querelles d'école, il donnerait aussi plus facilement prise aux attaques électorales des partis bourgeois.

dans la science pure où, après quelques déceptions(1),
il ne s'exprime d'ailleurs qu'avec une extrême pru-
dence.

Cette abstention systématique des maîtres du nouveau communisme (abstention que nous n'avons
pas à apprécier au point de vue politique), compli-
que singulièrement la tâche de l'économiste qui
entreprend l'examen du collectivisme en tant que
système. En l'absence de constructions positives
achevées, il faut parfois qu'il trace lui-même le plan
suivant lequel doivent s'ordonner les rares matériaux
qu'il glane dans une littérature nombreuse. Sa
bonne foi l'oblige également à se pénétrer de l'esprit
des formules qu'on lui propose pour chercher une
réponse à ses propres objections dans le prolonge-
ment naturel des idées.

Notre travail comporte donc une part d'imagination ; aucune hypothèse ne saurait s'en passer ; mais
nous nous défendons d'avoir écrit un roman économique. L'hypothèse collectiviste, conduite par l'imagination, ne doit violer aucune des lois naturelles et

---

1. Sur les atténuations apportées par une partie de
l'école marxiste à quelques principes fondamentaux de
Marx, voir notamment Bernstein. « *Socialisme théorique et socialdémocratie pratique* ». Traduction Cohen.

inéluctables qui nous régissent. Rien ne servirait de les transgresser. Dans la réalité, elles finiraient par reprendre malgré tout leur empire. Il est seulement possible d'atténuer, d'agrandir, ou de neutraliser leurs effets.

On ne refoule pas un fleuve vers sa source, mais on peut diriger son cours. De plus, nous ne devons faire intervenir que les ressorts de l'activité humaine qui nous sont connus, et s'il est à la rigueur possible de prévoir qu'un changement dans les conditions économiques réagira sur les mobiles humains, il est prudent de n'en pas tenir compte pour instituer l'ordre nouveau.

C'est une étude partielle du collectivisme *positif* que nous avons entreprise. Il n'est donc pas besoin d'ajouter que nous ne nous préoccuperons en aucune façon de la valeur scientifique des principes dont le socialisme procède, mais de leur application (1). Nous bâtirons sans savoir si le sol nous appartient. Nous ne chercherons pas davantage si le mouvement des faits nous entraîne vers la terre promise. Nous

---

1. Exemple : Le travail est-il la cause de la valeur ? Peu nous importe ici. Supposant le principe admis, nous étudierons seulement les conséquences économiques qu'il comporte.

ne tiendrons pas compte enfin des mesures de transition qui pourraient marquer le passage du régime de la propriété individuelle à celui de la propriété sociale (1).

S'il nous est permis de faire allusion à l'état d'esprit qui nous guide en écrivant ces pages, nous dirons que nous appartenons à cette catégorie de jeunes hommes qui croient pouvoir assister impartialement au grand débat ouvert sur la question sociale, parcequ'ils se sentent dégagés de tout égoïsme de classe. Nous rejetterons le collectivisme si nous jugeons irréductibles les objections qu'il nous suggère ; nous l'accepterons hautement si nous croyons entrevoir, derrière la socialisation des moyens de production et d'échange, la socialisation du bonheur.

------

1. Ce qui ne veut pas dire que nous jugeons toutes ces questions indifférentes ou résolues.

La liberté des professions

LA VOCATION

La vocation, ou inclination de l'homme vers un état déterminé, est théoriquement libre dans la société actuelle. Chacun de nous peut choisir le mode d'activité qui lui convient et l'exercer où il lui plaît. Aucune résistance légale ne s'oppose au passage des travailleurs d'un métier dans l'autre.

En fait, ces droits abstraits sont souvent contrariés par un certain nombre de causes, inhérentes ou extérieures à l'individu : infériorité des aptitudes sur les prétentions ; insuffisance des ressources personnelles ; défaut de place dans une branche de travail ou dans un lieu donné.

La vocation est en outre *déterminée* par les traitements, salaires ou bénéfices attachés aux différentes professions (1).

Les restrictions que nous avons énumérées subsistent-elles dans le collectivisme ?

---

1. C'est, du moins, le principal mobile.

Quiconque veut exercer une profession, doit être apte à la remplir. Le régime nouveau, devra comme le nôtre, respecter ce principe. Il faut avouer même qu'il agrandira sa portée. Il y a lieu, en effet, de distinguer entre les capacités réelles et les capacités virtuelles de l'individu. Actuellement, l'Etat ou l'employeur se bornent à constater les premières et à les apprécier d'une manière ou d'une autre (apprentissage, examens) ; mais la société ne cherche pas à développer les facultés latentes qui sommeillent dans l'adolescent, et, si elle entre parfois dans cette voie, ce n'est pas dans un but économique : en arrêtant à treize ans l'enseignement gratuit et en n'ouvrant pas largement à tous l'enseignement professionnel, elle ne poursuit certainement pas une plus juste ou une plus utile distribution des hommes dans les cadres du travail social. Mais si le principe de « l'égalité du point de départ » et de l'instruction gratuite à tous les degrés (après sélection au concours) doit être inscrit en tête d'une constitution économique nouvelle, le perfectionnement de l'individu ne dépendant plus des ressources personnelles, mais des facultés naturelles de chacun, le choix de la société sera plus vaste, tandis que la vocation des individus sera plus libre (1).

------

1. Remarquons, en passant, que la civilisation générale ne pourrait que profiter de cet état de choses. Le déve-

La troisième restriction à la liberté théorique des professions — défaut de place dans un métier ou dans un lieu donné — nous amène au seuil du grand problème de la répartition du travail dans le collectivisme.

Comment s'opérera cette répartition ? Selon quelle règle les individus s'ordonneront-ils à l'intérieur d'un même métier, d'abord, dans les différentes branches de la production, ensuite. Ne risquent-ils pas d'être entraînés en masse vers un métier au détriment d'un autre ? En cas de crise, quelles forces rétabliront l'équilibre ? A défaut du régulateur automatique des prix, aura-t-on recours à la contrainte ? Si oui, dans quelle mesure ?

Ces questions seront envisagées, mais comme elles se rattachent toutes, de quelque manière, à la rémunération du travail, étudions d'abord les quelques principes qui gouvernent cette matière.

------

loppement de la personnalité ne dépendant plus du hasard de la naissance ou des sacrifices — parfois héroïques — de la famille, le droit d'accession des hommes à tous les emplois deviendrait une réalité. Le niveau de l'humanité s'élèverait certainement. Le cerveau du fils de mineur, fût-il bâti pour de grandes œuvres, n'est-il pas aujourd'hui encore presque irrémédiablement condamné à s'obscurcir dans la nuit de la mine, malgré le palliatif des bourses, parcimonieusement et arbitrairement distribuées ?

RÉMUNÉRATION DU TRAVAIL

« Selon quelles règles précises seront rémunérés les producteurs dans le collectivisme ? D'un seul mot, qui répond à toutes les difficultés, on peut dire : selon la quantité de travail effectif fourni par eux. » (J. Jaurès) (1).

Puisque le mot est dit, cherchons les difficultés.

A chacun selon son travail, tel est le principe (2).

----

1. « Dans le système actuel, c'est le service social rendu par chaque producteur et librement apprécié à chaque instant, dans chaque cas particulier, par l'ensemble ou par une fraction des millions d'individus qui composent le public, c'est ce service envers autrui qui détermine la rémunération... » (Leroy-Beaulieu. *Le collectivisme*, éd., Guillaumin.)

2. Ce principe n'est évidemment pas un axiome ; on peut imaginer d'autres formules de répartition : « à chacun part égale » ; « à chacun selon ses besoins » ; à chacun selon ses mérites », bien que cette dernière puisse se combiner avec « à chacun selon son travail ». Mais nous avons annoncé que voulant faire œuvre posi-

Mais quelle est la mesure du travail ? Est-il mesurable dans le temps ? « Le menuisier a fait un escabeau dans deux heures. » Cette proposition a un sens. *L'heure de travail* apparaît donc comme *l'unité de mesure* du travail humain.

Mais l'intensité du travail varie avec les individus ; si Jean fait un escabeau dans deux heures, Jacques le ferait seulement dans trois et Paul dans quatre. Quel travail représente alors un escabeau ? Il représente deux, trois ou quatre heures, selon qu'il émane de Jean, de Jacques ou de Paul.

Mais la société collectiviste ne peut pas et ne doit pas accorder, dans le même moment, des rétributions différentes pour des objets semblables. Il lui serait difficile d'abord, d'évaluer directement, dans chaque métier et dans chaque lieu, le travail particulier consacré à chaque produit par chaque producteur. En outre, deux articles courants, de même qualité et de même genre, doivent être convertibles entre eux dans les magasins sociaux ; ils doivent avoir la même valeur et porter le même prix sous peine de compliquer extraordinairement la compta-

---

tive, nous étudierions l'application de certains principes fondamentaux du collectivisme sans discuter leur valeur.

Colomb

2

bilité des services de la circulation des richesses, et d'établir une inégalité injustifiable entre les consommateurs. On accorderait, d'ailleurs, à la paresse, une prime des plus efficaces en rémunérant l'individu selon le temps de travail plus ou moins long — plutôt long — qu'il lui a plu de fournir sans tenir compte du temps normal qui lui était vraiment nécessaire.

Mais s'il est impossible ou dangereux d'apprécier, à chaque instant et dans tous les lieux, l'intensité réelle de travail dépensé par chaque producteur pour chaque unité produite, il est peut-être possible de fixer, pour chaque catégorie de la production, *l'intensité moyenne* de travail qu'exige la fabrication d'un produit de qualité moyenne. Cette intensité moyenne de travail se mesurera en temps de travail moyen : *l'unité de mesure de ce travail moyen sera l'heure de travail moyen.*

« Supposez, par exemple, dit Schæffle, qu'un pays ait besoin de 20.000 hectolitres de froment, et que, pour les produire, il doive employer 100.000 journées de travail organisé ; chaque hectolitre vaudrait :

$$\frac{100.000}{20.000} = 5 \text{ journées de travail individuel socia-}$$

lement constitué. Et cette valeur aurait cours, quand même des exploitations isolées seraient assez mal conduites pour employer dix ou vingt journées de travail individuel à la production d'un hectolitre. »

Nous ne rencontrons pas ici de difficulté pratique : il serait possible en effet, dans un régime de production socialement organisée, de connaître le total des heures de travail dépensées annuellement à l'intérieur d'un même métier ; il est dès maintenant possible de fixer approximativement le chiffre auquel s'élève une production déterminée.

Le produit d'une heure de travail moyen (ou d'une journée) étant obtenu, les entrepôts régionaux pourront aisément rétribuer les travailleurs sur cette base. L'employé préposé à la réception des marchandises et à la taxation des services ou des travaux, consultera son registre pour chercher ce que représentent en heures de travail moyen les marchandises qu'on lui apporte ; elles ne devront pas être sensiblement inférieures à un produit type, ou échantillon préalablement établi.

Les comparaisons étant faites, le producteur recevra un chèque sur les magasins sociaux lui donnant droit de retirer de la circulation générale des marchandises une somme de valeurs égale à celle qu'il y aura fait entrer. Les articles qu'il se procurera de cette manière, pour son usage ou celui des siens, auront évidemment été payés selon les mêmes principes aux autres producteurs : l'échange des produits et des services s'opérera donc dans l'espace au prorata du travail de chacun.

Est-il besoin d'ajouter que le temps de travail moyen qui s'attache au produit, et dont celui-ci est l'expression, n'est qu'une présomption ?

Il est entendu que si dix manoques de tabac représentent aux yeux de la société une heure de travail moyen, les producteurs de tabac auront droit à un bon d'une heure par dix manoques, présentées ; mais si un cultivateur actif et méthodique parvient à diminuer le temps de travail moyen nécessaire à la production de dix manoques, il bénéficiera d'une prime égale à la différence entre le temps de travail réel qu'il aura fourni sur son terrain propre, et le temps de travail socialement nécessaire à la culture du tabac. Ce sera la récompense de son zèle.

Rien n'empêchera, par contre, un autre planteur de se laisser aller à la routine ou à l'indolence ; lorsqu'il aura consacré à une partie de son œuvre le temps de travail moyen qui aura été calculé pour l'œuvre tout entière, le reste de son travail ne lui sera pas payé. Ce sera la conséquence de sa paresse.

Une objection courante vient prendre ici sa place.

« Vous ne considérez que le produit, dit-on aux collectivistes, parce qu'il matérialise en quelque sorte l'effort humain nécessaire à sa création et qu'il porte en lui la mesure de sa propre valeur. Vous facilitez ainsi très heureusement la tâche du futur gouvernement économique en le dispensant d'évaluer directement, à toute heure et en tous lieux, tous les travaux en cours d'exécution. Mais que répondrez-vous aux producteurs de la Sologne, par exemple, lorsqu'ils vous diront que les céréales qu'ils vous présentent exigent un travail plus considérable, un outillage plus perfectionné, des engrais plus variés et plus riches sur leurs maigres terres que sur celles plus fertiles de la Beauce ? Leur appliquerez-vous la moyenne sociale ? En face de cette inégalité des facteurs naturels de la production (terres, mines), continuerez-vous à apprécier d'après le produit, le travail des producteurs ? Vous savez pourtant que ce produit dissimule la part de la nature qui constitue pour l'exploitant un véritable privilège dont l'importance varie d'un lieu à un autre ? Dès lors, ou il faudra tenir compte, pour le paiement des travailleurs, de l'inégalité des conditions d'exploitation ou de culture, malgré l'égalité apparente des résultats — et vous aurez renoncé à ne considérer que le produit — ou bien vous conserverez un mode de rémunération qui a certainement le mérite d'être simple puisqu'il permet de rétribuer tous les producteurs d'une même catégorie selon une formule commune, mais vous créerez des inégalités choquantes entre les travailleurs plus ou moins favorisés dans l'attribution des agents naturels. L'injustice aura succédé à l'injustice, car vous aurez substitué au hasard des fortunes le hasard des faveurs. »

Cet argument n'est peut-être pas irréductible.

Certes, il est utile de conserver la rétribution d'après le produit, puisque les avantages du système ont été reconnus ; mais *il faut en outre que la part de la nature soit déduite du produit présenté.*

Cette dernière condition étant remplie, l'objection serait écartée, puisqu'il n'y aurait plus de rente du sol. Nous aurons cependant à cœur de chercher à retirer en même temps à l'administration collectiviste le pouvoir de distribuer arbitrairement aux producteurs les moyens naturels de production.

Nous avons vu que les produits devaient être estimés en temps de travail moyen. Nous savons que ce temps de travail, nécessaire à la formation d'un produit, est égal au rapport entre la somme des produits de même genre et la somme des heures employées à leur fabrication, dans des conditions moyennes d'exploitation.

S'il est vrai que cette moyenne sociale empêche de tenir compte de l'inégalité des agents naturels pour la rétribution des individus, ne pourrait-on pas du moins — on l'a proposé — substituer à cette moyenne unique un grand nombre de moyennes locales calculées respectivement sur chaque exploitation particulière ? Puisque toutes les mines de charbon ne sont pas également riches, puisque les difficultés d'extraction varient avec chacune d'elle, ne pourrait-on pas calculer, séparément et pour chaque mine, le temps de travail moyen nécessaire à la production d'une tonne ?

Les mineurs recevraient alors une rémunération basée sur le temps de travail moyen nécessaire à la production d'une tonne à Anzin, s'ils appartiennent aux mines d'Anzin — à Lens, s'ils appartiennent aux mines de Lens — à Aniche, etc. (1).

Ce système, satisfaisant en théorie, est impraticable. L'administration économique viendrait diffi-

---

1. Les consommateurs continueraient à payer la tonne, d'où qu'elle vienne, selon le temps de travail social ou moyen nécessaire à son extraction. Il n'y aurait pas moins équivalence entre la somme des bons contre lesquels ils échangeraient le charbon et la somme des bons distribués à l'ensemble de la production minière.

cilement à bout des calculs et surtout des évaluations dont elle serait chargée. Nous ne parvenons même pas à donner à l'impôt foncier un cadastre satisfaisant !

Comment estimer par exemple, sur tout un territoire, les facultés frugifères de chaque champ, de chaque vignoble, de chaque prairie. Quels seraient les éléments de comparaison ?

— « N'oubliez pas, monsieur l'Inspecteur, ces filets d'eau qui s'infiltrent dans les prés concédés à l'association voisine ; voyez comme les nôtres sont mal situés ; l'herbe y est rare... Faites nous accorder une moyenne spéciale ! »

Toutes ces complications sont d'ailleurs inutiles pour arriver au but que nous avons tracé. Il est possible de conserver l'heure de travail social comme unité de mesure, et la rétribution d'après le produit avec un système où la part de la nature serait déduite du produit non par une administration aux mille bras, mais par les producteurs eux-mêmes et pour eux-mêmes, sous la seule pression de leur intérêt.

D'ailleurs, si le collectivisme veut respecter la liberté individuelle dans une de ses applications essentielles, il n'attachera pas de force les travailleurs à une galerie ou à un champ. Il ne doit pas être question de revenir au servage pour échapper au salariat. En admettant, par conséquent, qu'on soit arrivé à établir, en vue du calcul des moyennes, la valeur propre de chaque terre, de chaque carrière, de chaque cours d'eau (force motrice), en tenant compte des conditions géologiques, climatériques, ou autres, et en distinguant à grand peine ce qui est, à un moment donné, capital naturel, capital acquis, de ce qui est travail humain. Quelle serait l'utilité de ces mesures ?

Si on a calculé par exemple sur un champ le coût et la valeur de l'hectolitre de blé dans des conditions moyennes de culture, et si le chiffre obtenu par la collectivité est inférieur à celui que les « intéressés » obtiennent eux-mêmes, personne ne voudra cultiver une terre qui n'assure pas une rétribution suffisante.

Quelle sera donc l'utilité de cette moyenne locale et spéciale au joug de laquelle personne ne se soumettra ?

Si, au contraire, le temps de travail paraît trop largement calculé pour une exploitation accordée à un individu ou à un groupe, des réclamations ne manqueront pas de s'élever de la part des voisins moins favorisés, qui demanderont aussitôt la concession de cette situation avantageuse.

Qu'est-ce à dire ? Refus général de travailler ici ?

Compétition pour travailler là ? Mais c'est la loi de l'offre et de la demande ! Etouffée sous un système artificiel, et cherchant à se dégager, elle soulève l'enveloppe qui la recouvre, et menace de faire craquer l'organisation tout entière.

Délivrons-la pour nous en servir.

Le temps de travail social, ou moyen, ayant été calculé par les corps élus pour chaque catégorie de produits, nous apprenons par exemple, — pour n'avoir en vue que l'agriculture dans une de ses branches — qu'un hectolitre de blé représente quinze heures de travail, dans des conditions moyennes de culture. Les individus ou les groupes attachés à un domaine ou prêts à en demander la concession, examineront donc la moyenne sociale appelée à servir de base à leur rétribution — quinze heures, dans l'espèce — et la confronteront avec leurs propres calculs. Si la comparaison semble se résoudre à leur avantage, c'est-à-dire si le prix de revient de l'hectolitre sur le domaine considéré leur paraît inférieur à la moyenne sociale — s'il est de treize heures par exemple — la demande de travail affluera sur ce point.

Tous les postulants (disposés à se soumettre aux conditions d'exploitation tracées par la société) auront d'ailleurs, à ce moment, les mêmes droits. Il n'appartient pas à l'administration d'écarter arbitrairement les uns pour prendre les autres. Seulement il faut arriver à ce que les concurrents s'effacent d'eux-mêmes devant un d'entre eux. Il faut également, pour obéir au principe collectiviste, que, pour chaque parcelle du domaine national, la rente du sol disparaisse et soit rabotée au niveau de la moyenne sociale.

La location des différentes fractions du sol et du sous-sol à des individus ou à des groupes, est un moyen de résoudre le problème.

Elle permet en effet de transporter dans le collectivisme le système connu de *l'adjudication*, qui met l'administration à l'abri de tout soupçon de favoritisme ou d'arbitraire, puisque les compétiteurs s'éliminent eux-mêmes devant « le plus offrant ».

Elle a en outre pour résultat, de *déduire mécaniquement du produit, et sans qu'il soit besoin d'évaluations préalables précises, la part de la nature absorbée par le prix de location.*

La mise à prix pourrait être tout à fait quelconque ; les postulants en présence se chargeraient de redresser eux-mêmes le chiffre de l'administration ; la surenchère élèverait généralement ce chiffre jusqu'au point où l'exploitation désirée cesserait d'être avantageuse — et le prix de location tendrait à concorder avec la rente du sol.

Mais, s'il ne concordait pas ? s'il laissait encore au preneur un bénéfice indépendant de son travail accorderions-nous néanmoins la concession ?

Evidemment ; car il ne pourrait en être ainsi que si, pour une raison ou pour une autre, personne ne proposait un prix plus élevé. Or, si nous voulons que toutes les parcelles du sol soient mises en valeur, nous devons bien nous contenter du dernier et plus offrant enchérisseur (1).

Aucun principe de justice n'est d'ailleurs atteint dans cette hypothèse ; c'est pour ainsi dire en vertu du consentement de tous que l'adjudicataire jouit d'un bénéfice exceptionnel. Il faut bien croire que ce bénéfice serait en réalité la compensation de quelque inconvénient : un site déplaisant, peut-être...

Examinons maintenant le cas où le prix de revient

---

1. M. Bourguin ne prévoyait pas cela, lorsqu'il affirmait que la location « serait un détour bien inutile, une complication sans profit » sous prétexte « qu'elle ne supprime pas la difficulté d'apprécier, pour chaque exploitation particulière, la part de la nature dans la productivité du travail. Cette appréciation si délicate reste nécessaire, dit-il, pour le calcul annuel du fermage sur chaque parcelle du sol ; car le fermage, pour être juste, doit supprimer toute inégalité tenant à des causes naturelles »... (*Les systèmes socialistes*, éd., Ar. Colin.)

du produit dans une exploitation serait supérieur à la moyenne sociale (1).

Cette situation se traduirait par l'absence de toute demande de concession : les individus ou les groupes ne se montreraient évidemment pas disposés à faire fructifier un domaine qui exigerait, par exemple, un outillage plus considérable, une fumure plus abondante, un travail plus intense ou plus long qu'un domaine de même nature d'une productivité moyenne. Le prix de cet outillage et de cette fumure, exprimé en heures de travail, doit être ajouté par le producteur au nombre des heures de son travail propre, et si cette somme d'heures de travail est supérieure à celle qui constitue la moyenne sociale, le producteur s'éloignera d'un sol ingrat.

Essayons de le retenir.

De même que nous avons élevé le prix de revient particulier au niveau du prix de revient social, par le moyen de la location, dans tous les cas où il fallait absorber la rente du sol et réduire l'excès des demandes, *de même nous abaisserons le prix de revient particulier au niveau du prix de revient social dans tous les cas où il sera nécessaire de ramener les travailleurs à une exploitation dédaignée.*

---

1. S'il était considéré comme égal, le prix de location serait nul.

De quels moyeus disposons-nous?

Il en est un qui vient naturellement à l'esprit, parce qu'il est le complément naturel de la location dont nous avons parlé. C'est celui en vertu duquel la nation accorderait aux exploitants, en monnaie-travail, une somme destinée à combler la différence entre certaines moyennes particulières et la moyenne sociale.

La somme ainsi proposée devrait s'élever jusqu'au point où une première demande de concession serait faite. Il y aurait alors présomption d'égalité entre les deux moyennes (1).

Mais les compensations accordées par la société à certains exploitants, ne consisteraient pas nécessairement en monnaie-travail ; elles pourraient revêtir des formes différentes et varier d'un lieu à un autre ; il est difficile de prévoir l'immense variété des com-

---

1. Théoriquement, si la moyenne sociale avait été calculée exactement par la société et les moyennes locales par les producteurs, dans une même branche d'industrie, la somme de bons d'une heure fournis par la location de la partie riche du sol ou du sous-sol serait égale à la somme de bons distribuée aux producteurs pour la mise en valeur de la partie pauvre. En fait, il n'en serait jamais ainsi ; mais, peu importe, car c'est la société tout entière qui bénéficierait de l'excédent ou supporterait le déficit.

binaisons qui pourraient répondre à l'immense variété des cas ; mais on peut en imaginer quelques-unes.

La société, par exemple, ne peut elle pas s'entendre avec le concessionnaire de tel domaine où le sol est pauvre, et lui promettre une certaine part dans les scories provenant d'une grande aciérie voisine ? Ne pourrait-elle pas lui assurer l'usage gratuit de toute la série des machines qu'elle a affectées, sous certaines conditions, à une région déterminée ?

Bref, des conventions variées et souples permettront à l'Etat de donner satisfaction aux intérêts particuliers tout en suivant un plan d'ensemble, en vue de l'exploitation rationnelle de la propriété sociale.

Ainsi, nous avons pu rester fidèles au système qui fait de l'heure de travail moyen, calculée pour chaque industrie, la base de la rémunération des travailleurs.

*
* *

Que dire maintenant des métiers et des fonctions qui n'aboutissent directement à aucune création de richesse ? Quelle formule appliquerons-nous à tous ceux qui ne sont pas producteurs au sens étroit du mot ?

Comment obtenir une moyenne sociale en l'ab-

sence des facteurs numériques qui la constituent :
le produit ou le temps ?

Un homme d'équipe ne produit rien ; l'ébéniste
répare plutôt qu'il ne crée ; la guérison que le
médecin opère n'est pas un objet palpable ; le
temps de travail dépensé pour l'ablation d'un
appendice comprend-il seulement le temps nécessaire à l'opération, ou faut-il tenir compte au chirur-
gien des années qu'il a passées à apprendre son
métier ?

Certaines œuvres, enfin, bien que matérielles, sont
uniques en leur genre ; le poète nous donne un
volume de vers ; estimerons-nous seulement les heures pendant lesquelles il a tenu la plume, ou serons-
nous obligés d'y ajouter celles qu'il consacra à
d'indispensables rêveries ? En admettant que nous
tombions d'accord sur le temps, diviserons-nous le
nombre de volumes de vers, bons ou mauvais,
parus dans l'année, par le total des heures passées à
rimer par tous les poètes, pour obtenir le produit
d'une heure de travail chez un génie moyen ?

Ces raisonnements, par l'absurde, prouvent assez
qu'il est nécessaire d'appliquer un principe de rétribution spécial à un certain nombre de travailleurs.
Est-il vrai, comme le prétend M. Leroy-Beaulieu que

les socialistes aient des idées indistinctes sur ce
point ?

*
* *

Il est des individus qui rendent des services à
l'État et sont désignés aujourd'hui sous le nom de
fonctionnaires : ce sont les juges, les professeurs, les
administrateurs, etc. (1). Pourvu que les conditions
d'accès à ces situations soient l'objet d'une régle-
mentation uniforme, il n'y a aucun inconvénient à
ce que les agents de l'État reçoivent un traitement
analogue à celui qu'ils perçoivent aujourd'hui — et
déterminé selon les mêmes règles. La mesure serait
donnée par le plus ou moins de succès que rencon-
treraient les carrières d'état.

La règle serait la même pour les agents de certains services publics comme les employés de che-
mins de fer, avec cette différence toutefois que ceux-
ci seraient rémunérés non plus sur le montant des

---

1. « Comme la société sera libre de taxer à très bas
prix et même d'offrir gratuitement à tous ses membres
les résultats de travail accompli, ainsi qu'il arrive déjà
pour l'instruction primaire, il faudra sans doute que
la société intervienne pour fixer les honoraires auxquels auront droit les agents de certains services publics. » (Renard. *Le Régime socialiste*, éd., Alcan.)

sommes réservées aux dépenses sociales, mais sur le produit des taxes acquittées par le public à l'occasion des services qui lui sont rendus.

∗
∗ ∗

En ce qui concerne les travaux exécutés pour le compte des particuliers par certains artisans du domestiques (1), on a proposé de charger l'Etat ou rôle d'intermédiaire entre eux et leurs clients du maîtres. L'administration percevrait le prix du travail effectué par le coiffeur, le raccommodeur de faïence, l'horloger, etc., et réglerait la note après l'avoir confrontée avec le tarif.

Mais, qui sait si l'habile couturier encombré de demandes, ne me réclamera pas directement un petit pourboire en bons de travail ?

---

1. Si la liberté individuelle subsiste dans le collectivisme, les domestiques ne disparaîtront pas. Les hommes seront toujours libres de louer leurs services à temps. Il est vrai que bien des causes contribueront à diminuer le nombre des volontaires du balai et de la casserole. « Les serviteurs personnels, dit Schæffle, devraient être remplacés en partie par des procédés mécaniques étendus aux travaux de ménage, et en partie par la libre vocation de ceux qui préféreraient ce genre de travaux. »

Cela est possible, mais il n'y a aucun inconvénient
à ce que les individus fassent subir par ce moyen
quelques correctifs au tarif de l'administration. La
rémunération complémentaire que l'artisan recevrait
ainsi de sa clientèle, ne ferait que donner, en somme,
la mesure de sa supériorité sur ses confrères — et
cette inégalité de traitement correspondrait à l'inégalité des goûts et des talents qui peuvent se révéler
à des degrés divers dans les services ayant un caractère personnel.

*
* *

Dans tous les cas, la liberté des prix et un système
unique de rétribution privée deviennent essentiels
pour certaines carrière libérales ou le métier s'in-
carne absolument dans l'homme, et pour les carrières artistiques (1).

Si l'administration prétendait rémunérer de la

---

1. « Les travaux et les services que leur caractère de
services personnels soustrait à toute centralisation,
comme la médecine, les arts, pourraient même être
abandonnés à la concurrence libre, et seraient payés
par les clients à l'aide de bons de travail, ou bien l'in-
demnité privée pourrait, pour ce genre de services,
être combinée avec le système déjà existant des émoluments publics. » (Schæfflc.)

même façon un médecin ordinaire et un praticien universellement connu, ce dernier demanderait certainement à ses clients d'ajouter au traitement de l'Etat le gage, en bons de travail, de leur admiration. L'habitude des cadeaux se généraliserait au point que le pourboire seul aurait de l'importance. Dans ce domaine, la fixation des émoluments doit donc être entièrement abandonnée aux conventions privées.

*
* *

Telles sont, ramenées à leurs grandes lignes, et peut-être assouplies un peu, les règles qui pourraient présider à la rémunération des travailleurs dans le collectivisme.

RÉPARTITION DES TRAVAILLEURS

L'étude de la rémunération du travail sous le régime collectiviste, nous a amené à chercher les moyens permettant de répartir sur toute la surface d'un territoire les producteurs appartenant à une même corporation, dans les cas où les facteurs naturels de la production sont en jeu.

La répartition des travailleurs ne rencontrerait pas plus de difficultés lorque les traitements seraient, comme nous l'avons vu, évalués et fixés par l'autorité en dehors de tout calcul de moyenne, ce qui serait le cas par exemple pour les administrateurs, les juges et les professeurs, etc. Il appartiendra, en effet, aux corps élus d'établir et d'annoncer les conditions de résidence et déplacement auxquelles obéiront les carrières d'Etat.

Toutes ces questions sont, dès aujourd'hui, résolues pour les fonctionnaires. La nomination de ceux-ci dans un lieu ou dans un autre, est toujours la conséquence d'un avancement, d'une disgrâce ou d'une préférence satisfaite. Il en serait de même dans le collectivisme.

Il n'y a pas à s'occuper davantage, au point de vue du domicile, des individus dont la rémunération dépend des seuls particuliers — les médecins par exemple, — leur résidence dépendra des caprices d'un public attirant ou dédaigneux.

Dans tous les cas que nous venons d'énumérer, remarquons bien qu'il s'agit de la répartition des travailleurs à l'intérieur d'un même métier.

Ainsi, tous les producteurs appartenant à l'industrie du verre, se sont disséminés naturellement dans les différents centres de cette production particulière, assurés qu'ils sont d'être soumis partout au même principe de rémunération.

Les agriculteurs se sont répartis d'eux-mêmes sur toute la surface du territoire, grâce au libre jeu des adjudications et des locations, en se partageant spontanément les prés, les champs, les vignes.

Les professeurs sont à leur poste : chacun d'eux occupe la place qui lui a été assignée, et il n'y a rien là qui puisse troubler notre esprit conservateur.

Les artistes transportent où ils veulent, et où on les veut, leurs lyres et leurs chevalets.

Les médecins résident au centre de leur clientèle ordinaire...

*
* *

Aussi bien, nous n'avons pas encore abordé le véritable problème de la « répartition du travail » dans le collectivisme : lorsqu'on parle de la répartition des producteurs dans les différents centres de la production, *à l'intérieur du même métier*, il s'agit de la *liberté du domicile;* mais quand on parle de la répartition des producteurs *entre les différents métiers*, il s'agit en réalité de la *liberté des professions.*

Mais, dira-t-on, cette dernière question est toute résolue : il a été dit que chaque individu choisirait la voie qui lui convient ; il ne saurait donc être question de contrainte, et la liberté des professions reste entière.

Oui ! mais s'il advient que la rémunération est plus élevée dans un métier que dans un autre, il attirera à lui un grand nombre de bras ou de cerveaux au détriment des autres métiers, et il faudra avoir recours à la contrainte sociale pour rétablir l'équilibre.

Mais comment la rémunération pourrait-elle être plus élevée dans un métier que dans un autre, puisque tous les producteurs seront rémunérés selon l'heure du travail moyen calculée pour chaque métier ?

Il n'y aura, en effet, de ce chef, aucune inégalité de traitement entre les travailleurs *d'une même indus-trie*. Mais les professions sont plus ou moins péni-bles ; elles sont donc plus ou moins attrayantes : or, en appliquant une règle uniforme de calcul à des métiers inégalement recherchés, on risque de voir régner dans le monde économique des inégalités fla-grantes de rétribution. Dès lors, certaines profes-sions menacent d'êtres encombrées et les autres abandonnées.

Le recrutement forcé va-t-il s'imposer ?

Certes, il permettrait de répartir les travailleurs selon les besoins de la production, mais si cette répartition ne peut être obtenue que par la suppres-sion de la liberté du travail dans une de ses mani-festations essentielles, nous refusons de pousser plus avant l'étude du collectivisme (1).

---

1. Rappelons cependant ces paroles de Jules Guesde, dans son discours du 24 juin 1896 : « En admettant que ni l'habitude de la mine, ni le développement du machi-nisme, ni la loi de l'offre et de la demande fonctionnant dans un milieu d'hommes libres et ayant de quoi subsis-ter, n'arrivent à assurer l'exécution de certains travaux dont personne ne voudrait, nous ne serions pas pour cela à bout de moyens, il nous resterait la réquisition... Vous avez bien le service militaire qui nous confisque pendant des années : pourquoi n'aurions-nous pas

Cependant, il est indiscutable que le travail d'un mécanicien est d'une *qualité* supérieure à celui d'un potier. Or, si nous faisons de l'heure de travail moyen la commune mesure de ces travaux inégaux, il est évident que le plus simple, le moins pénible, celui qui demande un apprentissage moins long sera préféré à l'autre.

Comment rétablir l'équilibre entre les différentes forces de travail et les adapter aux nécessités économiques sans attenter à la liberté des professions ? Tel est le problème.

Il suffit, a-t-on répondu, d'abaisser la rémunération des métiers encombrés, et, réciproquement, d'élever celle des métiers dédaignés. « C'est à la loi de l'offre et demande, dépouillée par le milieu nouveau de ses effets liberticides, que nous nous adresserons, a dit Jules Guesde, pour la libre répartition des producteurs entre les diverses branches de la production. » (1)

Pour les services dont la rétribution est établie par l'Etat en dehors de toute règle précise, l'admi-

------

notre service industriel qui, lui, ne nous prendrait que quelques heures ? »

1. Discours prononcé à la Chambre des députés le 24 juin 1896.

nistration, en fixant directement le traitement auquel ses fonctionnaires proprement dits auront droit, tiendra nécessairement compte des plus ou moins grandes facilités de recrutement qu'elle rencontrera ; d'ailleurs, ce moyen ne fera que s'ajouter ici au système du concours qui permettra d'opérer une sélection de candidats étroite ou large, à volonté.

En ce qui concerne les fonctions directement productives, il importe de ne pas laisser à l'arbitraire administratif le soin de calculer pour chaque industrie la valeur de l'heure du travail : *il faut qu'une règle précise nous donne un taux proportionnel à la « pénibilité » de chaque métier, et que les variations de ce taux soient l'effet spontané de circonstances naturelles* qu'il n'appartiendrait à aucune volonté individuelle de faire fléchir.

M. Georges Renard a tenté un essai dans ce sens. Partant de ce principe que la pénibilité inégale des différentes professions trouve sa mesure dans l'attrait inégal qu'elles exercent sur les individus, *il proposa de donner à l'heure de travail moyen, dans chaque branche de la production, un certain coefficient de valeur déterminé mathématiquement par le rapport existant entre le nombre d'heures de travail nécessaires à la production d'un article donné et le nombre de travailleurs qui s'offrent à le produire.* Les coefficients calculés dans chaque métier, seraient rapportés à un coefficient moyen pris comme unité, et déterminé par le rapport existant entre le nombre d'heures de travail nécessaire à toute la production nationale et le nombre total des travailleurs de la société.

La centralisation des statistiques corporatives nous affirme par exemple que le nombre d'heures de travail nécessaires à la production sociale s'élève à 15 milliards. Le nombre des travailleurs étant de 10 millions, par hypothèse, nous obtenons :

$$\frac{15 \text{ milliards}}{10 \text{ millions}} = 1.500 \text{ heures.}$$

Le chiffre 1.500 exprime le nombre moyen d'heures de travail demandées annuellement à chaque travailleur.

Ce travail est de valeur moyenne : il a pour *coefficient* 1.

M. Renard suppose alors un métier où le petit nombre des travailleurs oblige chacun d'eux à fournir 4.500 heures de travail annuel, c'est-à-dire *trois fois plus que la moyenne* qui est 1.500.

Le coefficient de valeur de l'heure de travail dans ce métier *est 3* $\left(\dfrac{4.500}{1.500} = 3 \right)$.

En revanche, *le coefficient est* $\dfrac{1}{2}$ si un travailleur n'a à fournir à la société que 5oo heures de travail annuel, c'est-à-dire *trois fois moins que la moyenne*

$$\left(\frac{5oo}{1.5oo} = \frac{1}{3}\right).$$

Ainsi, par le simple effet des coefficients de valeur attachés dans chaque profession à l'heure de travail, ajoute M. Renard, « la proportion du nombre des travailleurs s'offrant et du nombre d'heures de travail demandées dans chaque métier tendra à s'unifier... et les différents coefficients de l'heure de travail dans les divers métiers tendront à s'identifier. »

M. Bourguin objecte alors, dans son ouvrage sur les « systèmes socialistes », que la solution de M. Renard ne permettrait pas « d'opérer une plus juste répartition des travailleurs entre des emplois inégalement recherchés... et que le procédé du coefficient n'attirerait pas un nombre suffisant de travailleurs dans un métier dangereux ou rebuté, car *il est contradictoire que le nombre normal des travailleurs y fasse tomber le coefficient au taux normal, et que ce taux soit considéré par les travailleurs comme donnant une rémunération suffisante* pour un travail particulièrement pénible. En supposant qu'il faille dans ce métier 4.5oo.ooo heures de travail par an, soit 3.ooo personnes travaillant chacune 1.5oo heures suivant la moyenne sociale, on trouvera peut-être 1.500 personnes pour donner 2.250.000 heures, et même pour fournir un travail supplémentaire, parce que le coefficient 2 exercera sur elles un attrait assez puissant, mais on ne recrutera jamais 3.000 travailleurs pour exécuter le travail au coefficient 1. Il faudra donc recourir à la contrainte pour assurer le service... » ajoute M. Bourguin.

Essayons encore de ne pas le croire.

Admettons, avec M. Bourguin, que le travail ne puisse jamais être exécuté avec le coefficient 1 dans un métier pénible. Supposons que la corporation des vidangeurs qui doit comprendre 3.000 personnes par exemple n'en renferme que 1.500 parce que chacune d'elles ne consent à travailler qu'au coefficient 2.

Comment compléterons-nous le personnel nécessaire à cet indispensable service ?

« En maintenant le coefficient 2 », nous suggère M. Bourguin, même si les travailleurs sont au complet. Mais, ajoute l'auteur; admettre ce tempérament, c'est abandonner la règle de calcul mathématique pour revenir purement et simplement à la loi de l'offre et de la demande ».

Soit — et cette loi suffit pleinement. Aussi bien, nous avons vu que c'est à elle que les socialistes font généralement appel pour assurer l'exacte répartition des producteurs (1).

On ne peut même pas dire que M. Renard ait essayé d'échapper à la loi de l'offre et de la demande ; il cherchait au contraire à assurer son fonctionnement en régularisant la demande et l'offre par le jeu des variations mathématiques.

Il est certain que le maintien d'un coefficient surélevé pourrait être nécessaire dans des métiers rebutants où la menace du coefficient arrêterait la demande au-dessous de l'offre. Mais on ne doit pas penser pour cela que l'administration conquerrait le droit de fixer arbitrairement le taux de l'heure de travail dans une profession déterminée.

Supposons un instant, en effet, qu'on maintienne

---

1. « Qu'advient-il, aujourd'hui demande M. Vandervelde, lorsqu'il y a trop d'ouvriers dans une branche d'industrie ? Les salaires baissent. Ils s'élèvent au contraire lorsqu'ils y en a trop peu. La même sanction existerait en régime collectiviste : les prélèvements nécessaires effectués, la part de chacun serait d'autant plus petite que les partageants seraient plus nombreux. Par conséquent, les métiers encombrés seraient relativement peu rénumérateurs ; les métiers désertés. les tâches ingrates et périlleuses recevraient une rémunération plus considérable. » (*Le collectivisme et l'évolution industrielle.*)

artificiellement un coefficient surélevé pour assurer le recrutement complémentaire et le maintien des effectifs dans une branche de la production. Les cadres du travail se remplissent aussitôt ; la demande monte au niveau de l'offre. Le coefficient maintenant est donc bien celui qui exprime la pénibilité du métier considéré.

La demande dépasse-t-elle l'offre ? c'est que le taux de l'heure a été exagéré : il y a lieu de le ramener au point où la demande coïncide avec l'offre.

La même règle devrait être suivie, mais en sens inverse, si le coefficient ayant été placé trop bas, l'offre restait supérieure à la demande.

En vérité ces résultats sont dus à la vertu naturelle de la loi de l'offre et de la demande. Il y aurait même quelque puérilité à décrire son fonctionnement qui reste le même, qu'elle s'applique à des salaires ou à des coefficients d'heures de travail (1),

______

1, Comment les choses se passent-elles dans la société actuelle ? Demandons-le aux Économistes. « Le thermomètre actuel, absolument sûr et précis, qui indique les besoins du commerce et de l'industrie, c'est-à-dire les insuffisances dans la satisfaction des besoins humains, c'est le profit qui est variable et le salaire qui l'est également. Rien n'égale la sensibilité de ce thermomètre. Dès que les profits ou les salaires haussent dans une branche de travail, c'est le signe que cette branche n'est si les adversaires du collectivisme ne reprochaient pas aux socialistes « de ne pas nous renseigner sur le moyen d'éviter l'arbitraire dans la détermination des tarifs applicables aux différents travaux » (1).

Or, il n'est besoin de faire appel à aucun système proprement dit pour éviter la dictature économique et fixer dans chaque métier la valeur de l'heure de travail. *Son coefficient, d'abord déterminé empiriquement, sera, après quelques fluctuations de la demande au-dessus et au-dessous de l'offre, ramenée au point où la demande et l'offre coïncideront.*

L'administration économique n'aura par conséquent qu'à *constater* et enregistrer un chiffre qui sera le résultat d'un fait.

Il convient d'ajouter, avec M. Renard, « que le passage des travailleurs d'un métier à un autre, quoique toujours gênant pour ceux qui voudront l'opérer, pourra se faire bien plus aisément en

---

pas encore assez développée pour satisfaire entièrement à tous les besoins auxquels elle doit pourvoir. C'est le signe contraire quand les profits et les salaires baissent... C'est, nous l'avons dit, l'influence du prix du marché, toujours en mouvement, qui conserve l'équilibre économique du travail et de la consommation. » (Leroy-Beaulieu. *Le Collectivisme*, éd., Guillaumin).

1. Bourguin. *Les systèmes socialistes...* éd., Colin.

régime socialiste que de nos jours. L'éducation inté-
grale aura fait passer les jeunes gens par divers ateliers, leur aura tout au moins enseigné les rudiments
de plusieurs métiers ; le développement du machi-
nisme aura, de son côté, multiplié les tâches se résu-
mant pour les travailleurs en opérations presque
machinales ; et il suffira d'un court supplément
d'apprentissage pour devenir un ouvrier d'habileté
moyenne dans la partie nouvelle où l'on aura trans-
porté son activité ».

*
* *

Y a-t-il lieu de faire de la « répartition du travail » la pierre d'achoppement du collectivisme ?
Nous ne le pensons pas. La liberté des professions,
qui est un des corollaires de la liberté du travail, se
trouve respectée dans un régime où les producteurs,
accourant de tous les points de l'horizon social, se
répartissent harmonieusement dans toutes les branches de l'industrie humaine, uniquement poussés
par leur vocation et par l'espoir d'une rémunération connue, dont les variations ne dépendent que
d'une loi économique fatale.

La liberté du travail
et les groupes

LA SOCIÉTÉ DEVANT LES GROUPES

La société s'est substituée aux individus pour l'exploitation des moyens de production et d'échange.

Comment l'Etat s'acquitte-t-il de son rôle d'entrepreneur ? Quel parti tire-t-il de ses inventeurs, de ses directeurs d'industrie, de ses ouvriers ? Est-il capable de développer la productivité de son capital et de créer une organisation féconde du travail national ?

Et d'abord, quel intérêt économique la société collectiviste dans son ensemble attache-t-elle à ces questions ?

Il est clair que tout ce qui a pour but de réduire les frais de fabrication ou de culture et d'augmenter le rendement, élève le *revenu net* de la société, c'est-à-dire la somme des richesses consommables mises à la disposition de ses membres.

Il n'est donc pas une découverte, pas une méthode, pas une disposition d'ensemble ou de détail, pas un effort individuel ou collectif ayant pour conséquence la diminution du prix de revient qui ne profite à tous les producteurs en augmentant leur part de consommation.

Au point de vue de la production, la nation industrielle a les mêmes intérêts qu'une entreprise particulière dans la société actuelle.

.'.

Mais, esquissons promptement les avantages généraux que la société pourrait escompter directement du fait de l'appropriation collective des moyens de production.

Il faut d'abord compter sur une diminution de frais résultant d'une concentration économique plus intense. Le travail commun étant plus productif que le travail isolé, il est permis de penser que l'industrie socialisée sera à la grande industrie ce que celle-ci a été à la petite.

La division du travail sera portée à son maximum, et, comme elle a pour résultat d'économiser de la main-d'œuvre, le temps de travail sera réduit pour tous les producteurs, à moins que leurs efforts ne soient appliqués à une industrie nouvelle en vue de la satisfaction d'un besoin social nouveau.

L'économie de capitaux ne sera pas moins sensible ; la société pourra employer tous les procédés qui sont, dès aujourd'hui, à la disposition des trusts . comme eux, elle pourra fermer un grand nombre d'usines pour ramasser et concentrer la production dans quelques-unes qu'elle exploitera d'une façon intensive, en faisant travailler par exemple les ouvriers à tour de rôle et par équipes, de manière à porter à son maximum le rendement de ses machines.

Elle réduira encore, par ce moyen, le temps de travail de chacun, et effectuera toutes les économies déjà connues que les économistes rattachent ordinairement au chapitre de la concentration des capitaux : économie de direction, de main-d'œuvre, économie de combustible, d'éclairage; diminution du fonds de roulement ; utilisation des sous-produits, etc.

La socialisation entraînera également une réduction considérable des frais de transport et d'emmagasinage, car la circulation des richesses sera *organisée* comme la production.

Le nombre des usines ou des ateliers étant réduit dans la plupart des industries, les marchandises voyageront par plus grandes masses; on peut même prétendre qu'elles suivront un rayon moins étendu, bien que le champ de la consommation soit géographiquement aussi vaste, parce que, éclairées par la statistique des besoins, elles se dirigeront plus sûrement vers leur but au [lieu de stationner chez de nombreux intermédiaires, ou d'attendre, au fond des entrepôts ou des docks, la direction que leur imprime le caprice des cours.

L'organisation sociale du travail permettra de mettre en œuvre, d'une façon rationnelle, c'est-à-dire appropriée aux temps et aux lieux, le capital collectif — ce qui est impossible, avec la multiplicité des capitaux privés.

Aujourd'hui, la production est inconsciente ; des milliers de têtes la dirigent sans obéir à un plan d'ensemble. Avec une direction unitaire, coordonnant les efforts de chacun et traçant les grandes lignes dans les limites desquelles les initiatives privées peuvent se donner carrière, les forces productives seront considérablement accrues.

Ainsi, en matière agricole, il sera enfin possible d'exécuter ces grands travaux de desséchement, d'irrigation, de défrichement et de reboisement devant lesquels hésitent les intérêts privés.

Il deviendra naturel d'adapter le sol au genre de production qui lui convient, de décider, selon les terrains, les climats et les lieux, quelles étendues doivent être consacrées à la petite culture, quelles autres à la grande, quelles fractions doivent être plantées en vignes, quelles fractions en bois.

Mais, dira-t-on, l'intérêt personnel ne suffit-il pas
à opérer naturellement ces applications ? Les culti-
vateurs avoisinant les grandes villes ne compren-
nent-ils pas déjà eux-mêmes que leur situation leur
impose la culture maraîchère?

Certes, la production actuelle n'est pas absolument amorphe ; l'intérêt personnel concorde parfois avec l'intérêt général ; mais il faut reconnaître
qu'il lui est parfois opposé. Regardez cet agriculteur;
il s'efforce, au prix de grands sacrifices, de faire
une prairie de ce qui devrait être un champ, parce
qu'il veut que son domaine nourrisse ses bêtes. En
revanche, le pré du voisin donne un excédent de
fourrage qui s'en va au loin, grevé de frais de transport. Il y a là, au point de vue social, une déperdi-
tion de force, due à une répartition défectueuse du
sol, et qui doit disparaître avec l'organisation scientifique de la production (1).

Quand nous aurons ajouté que le nombre des

-----

1. L'agriculture n'ayant pas suivi la même évolution
que l'industrie, les avantages de la concentration ne se
sont pas fait sentir dans ce domaine où l'avenir s'ébau-
che d'une façon indistincte et gauche ; c'est à peine si
la coopérative ose proposer à l'agriculture, avec un plan
timide d'organisation partielle, une réduction de frais
généraux.

intermédiaires et des débitants aura été réduit à des proportions raisonnables (1), que tous les parasites et les oisifs de la société actuelle auront été jetés dans le monde du travail, et que les frais de publicité et de réclame n'auront plus de raison d'être, nous aurons décrit, au point de vue de la production, quelques-uns des avantages généraux que les socialistes attendent de la nationalisation des capitaux (2).

**

Nous avons vu plus haut que la société collectiviste *tout entière* avait intérêt à susciter les inventions et à appliquer les perfectionnements et les méthodes lui permettant d'accroître sa production et de diminuer son prix de revient. Les efforts déployés dans ce sens ne seraient pas perdus. Tous concourraient à l'élévation du revenu net.

Il s'agit de savoir maintenant, non pas si les individus ont intérêt à cette élévation du revenu social puisque nous savons qu'ils en recueillent leur part en richesses consommables, mais si cet intérêt leur est assez *sensible* pour les pousser à contribuer au pro-

---

1. Voir page 6o.

2. Il faut encore ajouter l'économie résultant de la suppression de la dette publique.

grès de la production sous toutes ses formes. « Il ne suffit pas, dit Schæffle, dans une communauté de production composée de millions d'hommes, que le producteur *A* sache que son revenu de travail social dépend du fait que les neuf cent quatre-vingt dix-neuf autres coopérateurs seront aussi appliqués que lui-même. Cela ne suffit pas pour éveiller le contrôle nécessaire, pour étouffer le penchant à la paresse ou à la malhonnêteté. » (1)

Plusieurs hommes poussent une charrette ; tous ont intérêt à arriver vite, mais chacun d'eux a intérêt à ménager ses efforts. Plus ces hommes sont nombreux, plus le travail de chacun disparaît dans le travail de tous. Chacun d'eux, comptant sur les autres, peut alors réduire son effort : sa paresse passe inaperçue — mais la charrette avance moins vite.

Examinons si l'argument de la charrette se vérifie dans le collectivisme.

---

1. Et le même auteur avait posé la question pour la première fois : « Le socialisme sera-t-il jamais en mesure de réaliser sur son propre terrain, au même degré ou à un plus haut degré, la grande vérité psychologique et la fécondité économique du principe individualiste, en vertu duquel l'intérêt privé concourt à l'accomplissement des fonctions de la production sociale ? » (Schæffle. *La quintessence du socialisme*. Trad. Malon).

Il n'est pas d'entreprise possible sans capital. Le capital a sa source dans l'épargne qui permet de l'amortir et de l'accroître. L'épargne sociale serait-elle possible ?

On affirme généralement qu'elle serait inférieure à l a somme des épargnes privées, sous prétexte que les mandataires de la nation économique n'oseraient pas exiger de leurs électeurs une retenue sur leur travail, et que les Etats sont, dès aujourd'hui, incapables de rester fidèles à la destination qu'ils ont eux-mêmes donnée aux ressources publiques, en cas d'amortissement de la dette par exemple.

Il faut répondre que l'Etat ne rencontre cependant pas de difficulté réelle dans la perception des impôts dont l'utilité échappe souvent plus aux particuliers que ne le ferait une contribution destinée à renouveler leurs moyens de production. La nouvelle machine apparue au sein de l'atelier coopératif ne rappelle-t-elle pas aux sociétaires les sacrifices qu'ils ont faits pour elle ?

S'il était vrai, en outre, que les élus ne cherchent à suivre que l'intérêt immédiat de leurs électeurs, tel qu'il apparaît à ceux-ci, et si l'idée de devoir social n'avait vraiment aucune efficacité, il y a longtemps que les dépenses militaires auraient été supprimées, car elles ne satisfont aucun intérêt actuel,

et sont, plus que toutes autres, fondées sur un sentiment de devoir et un souci de prévoyance.

Il ne faut pas dire, enfin, que l'épargne en vue de
la production est aujourd'hui librement pratiquée,
car elle est déjà *imposée* à la grande majorité des
travailleurs par quelques capitalistes, et perçue sous
forme de retenue sur leurs salaires.

Nous ne voyons donc pas quelles difficultés pourrait soulever une contribution demandée aux corporations, pour l'amortissement et l'accroissement de
leur capital, quelle que soit l'autorité qui la fixe (1).

En dernier lieu, pourquoi le gouvernement économique détournerait-il de leur but les ressources
dont il disposerait, puisque le gouvernement politique aurait les siennes. Les groupes sauraient d'ailleurs le rappeler à ses devoirs, s'ils ne recevaient pas
la part d'outillage à laquelle ils auraient droit.

Mais les groupes auront-ils un intérêt sensible au

---

1. Si la contribution était fixée par chaque groupe
pour le renouvellement de son outillage propre, la raison psychologique invoquée plus haut par les adversaires du collectivisme serait encore plus discutable que
si la contribution était fixée et levée par la nation tout
entière pour le renouvellement de tout l'outillage national. C'est un argument de plus en faveur du collectivisme corporatif.

progrès de la production, s'ils sont rétribués, non d'après la production de leur capital propre, mais d'après l'heure de travail d'intensité moyenne, calculée pour toute la corporation dont ils feront partie?

C'est de cette façon, en effet, que la question doit être posée. En admettant même, en effet, que la société réalisât une épargne collective, toutes les applications industrielles qu'elle tentera seraient insuffisantes si elle n'était pas soutenue et dirigée dans son immense tâche par l'initiative intéressée des groupes.

De même, le gaspillage des matières et l'épuisement de l'outillage seraient le fait d'un régime où les travailleurs seraient rémunérés d'après le produit moyen sans qu'il leur soit tenu compte des économies qu'ils pourraient faire.

On ne pourrait pas compter, dans ces conditions, sur la vigilance des chefs d'industrie : ceux-ci tiendraient en effet leur pouvoir de l'élection, et les groupes n'auraient pas un intérêt assez sensible à la diminution du prix de revient pour inciter leurs directeurs à opérer dans l'atelier une organisation savante du travail, telle que la dépense des matières et l'usure de l'outillage fussent réduites à leur minimum, et que la puissance productive de chacun fût portée à son maximum.

Quelques doctrinaires, reconnaissant que les lacunes du système viennent de ce que les corporations industrielles n'ont que l'usage de l'outillage national, et ne sont pas rétribuées suivant sa productivité, ont décidé de rendre ces groupes propriétaires de leurs moyens de production ; en conséquence, chaque syndicat procéderait à l'amortissement et au perfectionnement de son capital et à l'achat de ses matières.

Dès lors, *toute économie de temps, de capital ou de matière réalisée par un groupe industriel, lui donnerait un surplus de rétribution égal à la différence entre le prix de revient (diminué par le progrès) et la taxe du produit fixée par l'autorité d'après l'heure de travail moyen dans chaque industrie.*

Ce n'est plus seulement pour la société tout entière que l'accroissement du revenu net devient alors sensible — ou plutôt, l'augmentation du revenu net réalisée à l'intérieur d'un groupe, grâce à ses qualités propres, est d'abord confisquée par ce groupe et retenue par lui au profit de ses membres, jusqu'au jour où l'élévation de la moyenne sociale transporte à la société tout entière le bénéfice un instant capté par le groupe.

On comprend quel parti on peut tirer de cette décentralisation.

Il en résulte, en premier lieu, une grande simplifi-
cation. La société n'a pas besoin de tenir compte
pour la rétribution des travailleurs de l'inégalité de
leur outillage (comme elle devrait le faire sous un
régime de production administrative), puisque la
fécondité du système procède précisément de certaines supériorités qu'un groupe peut *acquérir* au
regard des autres — supériorités qu'il ne doit qu'à
lui-même et dont il reçoit la récompense. La rétribution peut donc rester basée sur l'heure de travail
moyen calculée pour chaque industrie.

Ainsi, les syndicats ont un intérêt évident à amortir et à développer leur capital de production, à
exploiter les inventions nouvelles, à mettre à leur
tête des hommes d'élite, à créer une organisation
intelligente du travail, à économiser les matières
premières, à accroître le rendement des machines,
à soigner la qualité des produits pour s'assurer de
larges débouchés, etc., etc.

Tout ce qui contribue à élever le revenu net, a
pour conséquence d'augmenter le bénéfice qui ressort de la différence entre le prix de revient particulier à un syndicat, et le coût social de production,
qui constitue le prix.

Au point où nous en sommes de notre étude, toutes les ruches ouvrières jouissent *par hypothèse,*
d'une *liberté du travail complète* — sous réserve de
leur soumission à la taxation administrative.

Maintenant, nous dirigerons alternativement nos
regards sur les groupes et sur la société, sur l'être
corporatif et sur l'être social, nous pénétrant tour à
tour des exigences de l'un et de l'autre, et cherchant
si elles peuvent se concilier. Nous examinerons si les
avantages généraux que nous avons reconnus à une
production organisée, et si le collectivisme lui-même
ne risquent pas de disparaître, devant la liberté des
groupes ; nous examinerons également si la liberté des
groupes peut s'accommoder d'une centralisation destinée à maintenir l'équilibre économique et à coor-
donner les forces sociales sous une direction unitaire.

Nous serons au cœur de notre sujet.

LIBERTÉ D'ÉTABLISSEMENT

Un Parlement économique (comprenant, si l'on veut, les délégués élus de toutes les corporations et les mandataires directs de la nation dans son ensemble) est à la tête de la production nationale.

Toutes les corporations industrielles ou agricoles sont formées : chacune d'elles s'applique à un objet déterminé (1).

Ces corporations professionnelles, ayant à leur tête une chambre spéciale, se divisent en autant de sections locales qu'il y a de groupes industriels ou de centres de production distincts (2).

Il est nécessaire que le Parlement et les chambres spéciales aient un pouvoir supérieur de direction et de contrôle ; il est utile, d'autre part, que les groupes jouissent d'une liberté relative.

La question étant posée, parlons, en premier lieu,

------

1. Décentralisation professionnelle.
2. Décentralisation géographique.

de la liberté d'établissement qui est une des conséquences de la liberté du travail.

Un ou plusieurs individus décident d'entreprendre,
en dehors des associations reconnues et des groupes
établis, une industrie quelconque. Dans quels cas et
comment le peuvent-ils ?

Si l'entreprise projetée comprend comme moyen
de production un élément naturel (terre, mine), son
établissement est subordonné à la vacance d'une
des portions occupées du sol ou du sous-sol. Ainsi,
en matière agricole, les nouveaux groupements
devront attendre l'expiration des baux conclus entre
la nation propriétaire et les fermiers en exercice. A
l'échéance, les compétiteurs pourront se porter adju-
dicataires, sauf à accepter le prix maximum sorti des
enchères et à se soumettre au cahier des charges
établi par l'administration pour la mise en valeur
scientifique et méthodique de la propriété sociale.
Nous appliquons très simplement ici les principes
adoptés dans un précédent chapitre (1).

En matière commerciale, la liberté d'établissement ne peut exister dans le collectivisme. Le commerce même, tel que nous le pratiquons aujourd'hui,
ne se conçoit plus dans un régime où l'achat pour

----

1. Voir p. 31.

revendre et la spéculation sur marchandises sont abolies. L'entreprise de commerce proprement dite, disparaît pour ne laisser derrière elle que la *fonction* commerciale, si l'on range sous ce mot les actes indispensables par lesquels une marchandise passe du domaine de la production des richesses dans celui de la consommation. Le commerce ne conserve ainsi que son rôle d'intermédiaire. Les organes qui président à la circulation des marchandises subsistent dans la mesure strictement nécessaire aux besoins sociaux. Entrepôts, dépôts régionaux, magasins communaux, boutiques de détail et tous établissements de conservation ou de débit sont gérés par des employés mis au service du public par l'Etat et rétribués par lui, selon des règles uniformes. Bref, il n'y a pas à parler ici de liberté d'établissement ou d'entreprise. Disons seulement que les individus, aspirant à faire partie des « services de la circulation » suivront la voie ordinaire et attendront qu'une vacance se révèle.

L'industrie, du moins, restera-t-elle ouverte à toutes les initiatives ? Un nouveau groupe pourra-t-il s'installer à côté des associations nanties pour s'adonner librement à une fabrication classique ou à l'exploitation d'une invention nouvelle ?

Des distinctions doivent être faites. Il est impos-

sible, en effet, dans un régime de production organisée, de laisser sans limite la liberté d'établissement.
Il ne faut pas oublier que la production ne se règle
plus sur les cours, mais sur la statistique des besoins
sociaux. La société est conviée à une œuvre d'ensemble qu'elle ne peut accomplir que collective-
ment, à ses risques et périls. Gardienne de l'équilibre économique, elle adapte exactement la production à la consommation, elle connaît les forces dont
elle dispose et les demandes qu'elle doit satisfaire ;
elle ne peut donc pas assister indifférente à l'éclo-
sion d'entreprises indépendantes qui, dédaigneuses
des prévisions administratives, augmenteraient le
volume de la production — le champ de la consommation restant le même.

Le jour où de nouveaux débouchés s'offriraient à
une industrie, la nation pourrait bien décider
d'agréer un nouveau groupe pour le rattacher à la
branche florissante, mais le plus souvent, elle trouverait avantageux d'augmenter les commandes des usines déjà existantes.

Ces règles ne doivent cependant pas être inflexi-
bles, ou il faudrait dire que la liberté d'établissement
est nulle. On doit prévoir le cas où une association
se forme pour l'exploitation d'une invention *nouvelle.*

Deux hypothèses peuvent alors être considérées : la société prend l'exploitation à sa charge, ou elle s'en désintéresse.

.·.

PREMIÈRE HYPOTHÈSE
La société prend l'exploitation à sa charge

Elle traite avec l'inventeur et le fait profiter des récompenses ou avantages spéciaux qu'une loi a préalablement déterminés ou que l'administration débat librement avec les intéressés. L'inventeur reçoit, par exemple, en bons de travail, un prix ou une pension ; il est désigné aux suffrages du nouveau groupe pour exercer une fonction directrice ; il est remboursé, ainsi que ses co-associés, des avances que lui ont coûté ses recherches et ses travaux, etc.

Après quoi, la société installe à ses frais le nouveau groupe qui est soumis aux mêmes conditions générales que les groupements analogues, et reçoit, s'il y a lieu, quelques faveurs provisoires (voir le chapitre suivant).

Le Parlement économique, sur un rapport de l'administration active, détermine le produit d'une heure de travail moyen dans cette entreprise d'Etat ; il fixe, d'accord avec la chambre corporative, le chiffre de la réserve qui doit être consacrée à l'amortissement du capital, etc., etc.

Une nouvelle industrie est née ; c'est à ses risques et périls que la société tout entière entreprend cet essai dont le succès ne dépend plus que de la consé-cration définitive qui sera donnée par les consommateurs à toute expérience sociale.

Dans tous les cas, le groupement est sûr de recevoir jusqu'à sa dissolution la rémunération de son travail, quel que soit le sort réservé à l'écoulement de ses produits.

*
* *

DEUXIÈME HYPOTHÈSE

La société ne prend pas à sa charge l'exploitation d'une invention nouvelle

Il y a lieu, cependant, de ne pas décourager les promoteurs d'une découverte qui a pu ne pas triompher au premier instant de la routine ou de l'incurie administratives, mais qui porte peut-être en elle quelque chance de succès.

L'inventeur peut alors demander la délivrance d'un brevet (s. g. d. g. c'est le cas de le dire), et pas-

ser avec la société une convention où certaines assu-
rances lui sont données sous certaines réserves, de
manière à mettre en harmonie, au début de l'expérience *privée* qui va être tentée, l'intérêt général et
les intérêts particuliers.

L'inventeur n'aurait qu'à réunir ensuite des bons
de travail épargnés par des individus ayant foi dans
sa découverte. Ces pseudo-commanditaires auraient
été parties au contrat de garantie, ou auraient obtenu
directement de l'entrepreneur dissident la promesse
d'une certaine part dans les avantages ou récompenses qu'il escompte lui-même.

La découverte serait alors exploitée, soit avec l'aide
de volontaires du travail, soit avec le concours d'une
main-d'œuvre momentanément prêtée par l'Etat.

Les entrepôts nationaux recevraient du groupe
les nouvelles marchandises, et délivreraient en
échange des certificats provisoires qui ne pourraient
être acceptés dans les paiements.

Les consommateurs se procureraient ces produits
contre des bons de travail — ou ils les laisseraient
en magasin. Ce serait encore la consommation qui
déciderait du sort de l'entreprise.

Si les nouveaux articles étaient favorablement
accueillis du public, les certificats provisoires seraient échangés, au profit du groupe, contre des bons

de travail, dans la mesure des achats faits par les consommateurs ; l'industrie naissante serait nationalisée ; les producteurs seraient désintéressés et récompensés ; un statut serait édicté pour l'avenir... bref, les choses se passeraient comme si la nouvelle découverte avait été agréée dès le début.

En ne parlant que de l'invention d'un produit nouveau destiné à la consommation, nous n'avons prévu que le cas le plus intéressant ; mais une découverte peut avoir pour objet un moyen de production, et même consister dans un simple perfectionnement.

L'Etat déciderait alors de faire exécuter les essais à son compte. A son défaut, un des groupes industriels, appelé à profiter du progrès technique, pourrait — après entente avec l'inventeur — appliquer lui-même la découverte, et jouir, en cas de succès, du bénéfice prévu au chapitre précédent (1).

Si l'inventeur était réduit à faire les essais à ses frais, il demanderait à l'Etat d'assister aux expériences — les consommateurs ne pourraient plus être juges ici — et le jury compétent n'aurait qu'à s'in-

1. Bénéfice égal — rappelons le — à la différence entre le prix de revient particulier au groupe et le prix de revient social, ou moyenne sociale, qui constitue le prix des produits.

cliner devant des essais concluants. La machine
serait implantée dans les industries d'Etat ; l'inventeur désintéressé, récompensé, etc.

LIBERTÉ D'EXPLOITATION

Toute entreprise a besoin, pour progresser et grandir, d'être relativement sûre du lendemain. Les entreprises modernes savent, du moins, que leur existence ne dépend que de leur succès.

Si nous nous transportons dans la société collectiviste, nous nous apercevons que la dissolution d'un groupe peut être rendue nécessaire par un certain nombre de causes dont la plupart sont extérieures à lui.

Une industrie tout entière, ou tel de ses centres, peut devenir inutile si le besoin auquel elle est chargée de donner satisfaction diminue d'importance ou disparaît d'une façon absolue.

Il se peut que des circonstances naturelles (cyclones, inondations, sécheresse, etc.) raréfient l'offre des articles ou des denrées les plus indispensables, ou qu'une même offre exige un effort social plus considérable.

Or, tout évènement qui, sur un point, réduit la

production ou rend nécessaire l'augmentation de la main-d'œuvre, modifie un des éléments constitutifs de la moyenne sociale et aboutit à l'élévation du prix. Un plus grand sacrifice est alors exigé des consommateurs qui sont obligés d'affecter aux besoins les plus exigeants des ressources préalablement consacrées à la satisfaction de besoins moins pressants.

A ces déplacements de la demande doivent correspondre des déplacements et des désaffectations dans le domaine de la production : suppression définitive ou licenciement provisoire de certaines usines ; déplacements de travailleurs ; etc...

Une industrie disparaîtrait entièrement si son but était atteint en dehors d'elle d'une façon plus simple ou plus complète. La découverte d'un accumulateur permettant d'utiliser directement l'énergie électrique dans la locomotion sur route rendrait inutile la fabrication des moteurs à essence. Le gaz d'éclairage céderait définitivement le pas à l'électricité le jour où il deviendrait possible d'utiliser à grande distance la puissance des chutes d'eau.

Le progrès de la technique industrielle aboutirait aussi, le plus souvent, à la réduction du nombre des usines. Un procédé nouveau, une machine perfectionnée donnant un rendement supérieur permettraient de concentrer la production dans quelques centres.

De même si l'expérience démontrait que certains groupes sont capables, grâce à leur bonne organisation et à la discipline qu'ils se sont imposées, de fournir une part de produits plus élevée que celle qui leur était jusque-là assignée, la société trouverait encore le moyen de rétrécir le champ de la production, les débouchés restant les mêmes.

Tels sont les quelques cas généraux auxquels tous les autres se ramènent et qui auraient pour conséquence la dissolution d'un ou plusieurs groupes industriels. L'existence de ceux-ci n'est donc rien moins qu'assurée.

***

Toutes les associations professionnelles sont à l'œuvre; chacune d'elles connaît le chiffre des commandes qui lui sont adressées par le pouvoir économique central ; chacune s'organise, élit ses chefs, distribue les tâches, achète les matières, etc.

Mais, qui indiquera à chaque groupe les types et modèles sur lesquels il réglera sa fabrication ? Les établira-t-il lui-même ou se les verra-t-il imposer par l'administration ?

Certes, il est nécessaire que celle-ci, qui connaît directement les désirs du public, ne perde pas de vue la forme de la production, mais ne sera-t-il pas permis aux producteurs d'innover? Seront-ils enfermés dans un cercle étroit d'où il leur sera interdit de sortir ?

Il est incontestable aujourd'hui que si les consommateurs sont les souverains arbitres des modèles qui leur sont soumis, ils ne contribuent pas à les établir. L'initiative en cette matière appartient à la production qui essaye, il est vrai, de connaître le plus exactement possible les goûts du public pour s'y conformer (1).

Il nous semble que, loin de gêner ces influences réciproques, qui vont des consommateurs aux producteurs et réciproquement, l'organisme social constitue le point de rencontre naturel des intentions des

____

1. « La plus simple réflexion montre bien que, si le mouvement de la production était réglé par les consommateurs, il serait d'une monotonie absolue. On ne veut acheter que ce que l'on connaît. Le consommateur dispose, mais le producteur propose. C'est lui qui est le créateur, l'initiateur : il suscite des besoins nouveaux pour avoir à les satisfaire. Sans quoi, à des besoins toujours les mêmes répondrait une production toujours la même... Si la consommation dirigeait la production, les inventeurs ne seraient jamais des martyrs ; car ils ne travailleraient pour ainsi dire que sur commande... » (Jaurès. « L'organisation socialiste. » *Revue socialiste*, 1895.)

uns avec les désirs des autres. C'est à l'administration qu'il appartiendrait de déterminer d'une façon
approximative le genre des produits destinés à la
consommation et de pressentir l'opinion publique
dont les manifestations sont si sensibles, sur les
innovations importantes que la production lui propose.

C'est dans le domaine agricole que la forme de la
production serait le plus étroitement régie par l'Etat.

Il peut y avoir un intérêt, en effet, au point de vue
de la mode ou du confortable, que les fabriques de
chaussures délivrent cette année quelques séries de
souliers de dame d'un caractère particulier ; mais il
y a un intérêt vital à ce que les agriculteurs ne sacri-
fient pas la culture du blé à celle de la betterave, ou
inversement.

La terre a, en effet, cette qualité originale d'être
un moyen de production qui peut être employé à
un grand nombre de fins, en vue de la satisfaction
des besoins les plus variés. L'équilibre économique
risquerait donc d'être faussé, certains besoins étant
satisfaits au delà du nécessaire et les autres restant
en souffrance, si les agriculteurs se consacraient à
une culture plutôt qu'à une autre, car les entreprises
n'auraient plus pour les guider l'aiguille des prix
qui leur indique où il y a rareté et où il y a abon-

dance... Puisque la production ne peut plus être automatique, il faut qu'elle soit consciente, et obéisse par conséquent à un régulateur central.

Il appartient à la société, non seulement de déterminer pour chaque catégorie de la production agricole les quantités à fournir, mais encore de fixer la nature des produits à tirer de chaque exploitation rurale, en tenant compte des conditions naturelles dans lesquelles elle se trouve. Seule la société peut suivre un plan d'ensemble dans la mise en valeur du sol, et obtenir un rendement maximum en adaptant chaque parcelle à la culture qui lui convient. De même qu'il indique pour chaque entreprise la quantité et la nature des produits à livrer, le pouvoir central règle selon les terrains et selon les lieux les modes de culture qui seront employés : culture extensive ou culture intensive, grande ou petite culture.

Le sol national sera découpé en tranches inégales, selon le mode d'exploitation auquel chaque part sera soumise ; il y aura des lots exigus se prêtant à un travail intensif, et de grandes propriétés où la culture extensive sera reconnue préférable. On saura que tel domaine appelle une association plus ou moins vaste de travailleurs, tel autre un simple groupe familial, et l'adjudication des parcelles se fera entre les compétiteurs qui rempliront vis-à-vis de l'exploitation qu'ils convoitent ces conditions primordiales.

Un cahier des charges sera remis à l'adjudicataire ; il y trouvera l'exposé des obligations de la société et des siennes, le genre et la quantité minima et maxima des produits qui pourront lui être demandés au cours du bail, les conditions dans lesquelles des modifications seraient exigées de lui, dans certaines circonstances, les causes de déchéance, etc.

Si donc la liberté d'exploitation de chacun est particulièrement limitée en matière agricole, dans l'intérêt de l'exploitation sociale dans son ensemble, il faut du moins avoir soin de remarquer que les limitations seraient connues au début de chaque concession par chaque concessionnaire, et que la liberté d'action de chaque agriculteur serait complète en dehors des restrictions conventionnelles, librement acceptées.

Nous avons annoncé, dans un précédent chapitre, que tous les perfectionnements réalisés par les groupes propriétaires de leurs instruments de travail ou par les producteurs indépendants (petits forgerons, petits menuisiers, etc.) (1), se traduiraient par un bénéfice à leur profit, égal à la différence entre le prix de revient obtenu par ces groupes et le prix de revient social ou moyenne sociale.

Il convient, dans ce chapitre sur la liberté d'exploitation, de se demander si, dans un régime de production organisée, ces perfectionnements sont *possibles ?*

Cela n'est pas douteux, pour toutes les améliorations qui, sans exiger de nouvelles dépenses d'établissement, consisteraient dans une meilleure utilisation des capitaux existants à l'intérieur d'une industrie, dans un emploi plus rationnel de la matière

---

1. « En effet, de même qu'aujourd'hui, il pourra y avoir d'immenses usines métallurgiques comme celles du Creusot, et en même temps des petits ateliers de fonderie dissimulés au fond d'une cour, dans une ruelle du faubourg, et où avec deux ou trois ouvriers, un petit patron fond quelques tuyaux de conduite pour le gaz ou quelques menus objets. Seulement, ce tout petit outillage sera la propriété de la nation, en ce sens que le maître n'en pourra user pour exploiter ses ouvriers. Il sera tenu de les rémunérer exactement selon la quantité de travail incorporée par eux au produit, et le maître sera plus largement rémunéré, mais seulement parce que son habileté plus grande incorpore dans le produit un travail plus grand. » (J. Jaurès. *L'Organisation socialiste.*)

première, dans une répartition plus satisfaisante des tâches, bref pour toutes les améliorations qui aboutiraient à une économie de capital, de travail ou de matière...

A ce point de vue, donc, toutes les associations industrielles sont assurées d'être en quelque sorte garanties contre elles-mêmes, et nous pouvons dire déjà que la conscience de leur intérêt — ou l'instinct de l'intérêt — les éloignera naturellement de tout ce qui est gaspillage ou désordre.

Mais il est des perfectionnements qui entraînent des dépenses nouvelles ; leur succès est alors subordonné à certaines conditions. Or, qui sait si les innovations des groupes ne se heurteront pas, dans ce cas à des obstacles inhérents au futur milieu économique ?

Une machine ou un procédé nouveau sont ordinairement implantés dans une usine pour atteindre un ou plusieurs de ces trois buts : réduction du travail humain, augmentation des quantités produites, perfectionnement de la qualité.

La réduction du temps de travail serait certainement appréciée par les travailleurs, mais à la condition qu'elle ne corresponde pas à une diminution de salaires ; or, il ne peut en être ainsi que si les frais d'entretien et d'amortissement des machines nouvelles ne sont pas plus élevés que ceux des anciennes. Cela dépend de la nature des perfectionnements réalisés.

Il est évident que, le coût de production restant le même, les groupes donneront la préférence à l'outillage qui portera au minimum le travail de chaque associé.

Mais il se peut que les groupes n'aient pas avantage à exploiter un moyen de production quelle que soit l'économie de main-d'œuvre à laquelle il donne lieu. Les dépenses d'établissement et d'entretien sont souvent plus considérables pour une machine perfectionnée que pour un vieux modèle, les quantités produites étant égales. Dès lors, une réduction de temps de travail n'irait pas sans une diminution de traitement, par suite de l'élévation du coût de production. Dans ce cas, des améliorations techniques ne pourraient être tentées qu'en prévision d'une augmentation des quantités produites.

∴

C'est ainsi que nous arrivons à cette question : un groupe peut-il adopter une machine qui constitue un progrès industriel indéniable grâce aux économies de travail qu'elle réalise, mais qui exige pour produire son plein effet que de nouveaux débouchés s'offrent à l'industrie ?

L'augmentation des dépenses d'amortissement et d'entretien, ne sera compensée en effet, que par un supplément de bénéfices. Or, les prix restant les mêmes, par hypothèse, des bénéfices supplémentaires ne peuvent être donnés que par les nouvelles unités produites. (Nous savons que les frais d'amortissement et d'entretien ne suivent pas une marche proportionnelle à celle de la production.)

La contradiction entre les aspirations des groupes industriels et les droits des autorités économiques apparaît ici flagrante : les associations ont besoin pour se développer, grandir, et concourir au progrès de la production d'augmenter l'écoulement de leurs produits — et l'administration est obligée de leur fixer une part de commandes *inférieure* à celle qu'attend leur activité !

Il nous faut répéter en effet, que seule la société incarnée dans un pouvoir central est capable de répartir les tâches entre les producteurs, car elle est la seule qui, éclairée par des statistiques et des enquêtes, est capable d'adapter la production aux besoins. La liberté de production des groupes, en l'absence de règle sûre, n'aboutirait qu'à une production déréglée et à la surproduction.

.•.

La qualité des produits dépend ordinairement d'une meilleure utilisation des capitaux existants ou des matières premières, mais elle peut résulter aussi d'une découverte. Dans ce cas, la qualité est souvent liée à une légère transformation du produit.

Quel intérêt un groupe a-t-il à perfectionner la qualité sous toutes ses formes (solidité, commodité, beauté, etc.) ?

S'il s'agit de la qualité qui, sans supposer d'innovation d'aucune sorte, ne dépend que de la valeur des matériaux employés et de la surveillance que les groupes peuvent exercer sur eux-mêmes par l'intermédiaire de leurs élus, nous constatons que les travailleurs n'ont pas intérêt à faire preuve d'une application particulière sur ce point. Il suffit en effet, pour que les produits soient acceptés au prix courant, qu'ils ne soient pas inférieurs aux types spécifiés à l'avance ou aux échantillons déposés dans les entrepôts publics. Les articles supérieurs auraient nécessairement la même valeur d'échange que les articles moyens, puisque tous seraient interchangeables dans les magasins sociaux et offerts aux consommateurs dans les mêmes conditions de prix.

Les groupes auraient plutôt intérêt à réduire au

minimum la qualité de leur fabrication ; car si le soin qu'ils apportent aux produits ne donne aux producteurs aucun supplément de rémunération, il n'en va pas de même, nous l'avons vu, des économies de capital, de travail ou de matière réalisées par un groupe. Or, les frais de fabrication sont généralement moins élevés pour une mauvaise marchandise que pour une bonne. La logique du système amène donc à dire que le groupe acquerrait un bénéfice d'autant plus considérable que sa production serait plus ordinaire. Nous voulons bien croire qu'au-dessous d'un certain niveau les produits seront refusés, mais il faut toujours avouer qu'ils ne s'élèveront pas au-dessus de ce niveau.

Sommes nous donc appelé à voir les producteurs, n'obéissant à aucun sentiment d'émulation noble, employer leur activité et leur intelligence à dépasser le moins possible un critérium de médiocrité ?

Les perfectionnements qui entraînent une certaine transformation des produits sans cependant changer leur nature peuvent être considérés comme portant sur la qualité. Mettons si l'on veut — pour reprendre un vieil exemple — que les manchons de bec auer gagneraient en qualité s'ils devenaient incassables. Or, la classification des produits restant la même, et une seule moyenne s'appliquant uniformément à tous les manchons quels qu'ils soient, les groupes n'auraient intérêt à fabriquer des manchons incassables — c'est-à-dire perfectionnés — que si leur prix de revient était inférieur à celui des vieux modèles.

Il faudrait en un mot que les perfectionnements apportés à la qualité se doublent d'un progrès technique pour que les groupes aient intérêt à les réaliser. (Et il faudrait encore qu'ils eussent intérêt à réaliser le progrès technique lui-même — voir plus haut.)

Nous avons examiné quelques-unes des causes de stagnation ou de décadence dont les groupes sont menacés du fait de la société, ou dont la société est menacée du fait des groupes. Supposons maintenant, pour une minute, que les associations industrielles jouissent d'une liberté d'exploitation complète, et qu'elles sont assurées de profiter des perfectionnements apportés par elles à leurs moyens de production ou à leurs produits dans des conditions analogues à celles d'une entreprise capitaliste; et préoccupons-nous seulement d'étudier la constitution des fonds affectés au renouvellement ou à la transformation de l'outillage.

Les groupes professionnels devront évidemment

retenir sur les bons de travail distribués à leurs membres une certaine part fixée par la chambre nationale
et la chambre corporative, et destinée à l'amortissement et à l'accroissement de leurs moyens de production.

Cette réserve obligatoire, prévue pour toutes les
industries, ne donne lieu à aucune difficulté.

Mais rien n'empêchera les syndicats de décider à
la majorité des voix qu'un plus grand sacrifice doit
être exigé de chaque membre dans l'espoir d'un plus
grand profit. Une réserve facultative issue de ces
cotisations supplémentaires, s'édifierait ainsi à côté
de la réserve obligatoire, permettant à un groupe
de dépasser les associations congénères et de réaliser un bénéfice correspondant à la réduction de son
prix de revient. Ce bénéfice serait naturellement
réparti entre les associés.

Mais, quels associés? Les associés bénéficiaires ne
seraient peut-être plus les associés souscripteurs.
Pour une raison ou pour une autre, les individus
qui auraient subi un prélèvement supplémentaire
sur leur travail pourraient avoir quitté leur groupe ;
c'est ce qui arriverait notamment si le nombre de
places avait été réduit dans un centre au profit d'un
autre. Ces individus auraient donc contribué à des
perfectionnements dont ils ne profiteraient pas. Il y

aurait là une première injustice, mais elle ne serait
pas la seule.

Si un groupe recevait de nouveaux membres au
moment de recueillir le fruit de ses efforts, ces nouveaux venus participeraient au profit sans avoir été
à la peine. Bien mieux, leur arrivée pourrait réduire
à zéro la prime du groupe, si l'Etat, considérant que
le nombre de places augmente dans une usine avec
le *fond des salaires*, déversait l'excédent de sa main-
d'œuvre dans les ateliers florissants.

.˙.

Les élections des directeurs, des ingénieurs et des
chefs de travaux, au sein des groupes, se ressenti-
raient des qualités ou des défauts de la production
corporative. La qualité des suffrages dépendra donc
des remèdes que nous apporterons aux imperfec-
tions ou aux vices de cette production (1).

C'est ainsi que nous arrivons à l'étude des atté-

---

1. Si on avait le droit de se contenter vis-à-vis du
socialisme de l'ironie facile de la polémique, on pourrait
synthétiser dans une profession de foi de candidat aux
fonctions directrices tous les vices de l'élection dans un
régime où les défauts que nous avons signalés ne seraient
pas corrigés. On pourrait montrer par exemple le candidat garantissant son habileté à obtenir des produits

nuations que l'imagination propose pour parer aux
inconvénients que nous venons d'énumérer.

Considérons une association industrielle quelconque, et confrontons-la avec la société pour chercher
par quels moyens, par quelles ententes, l'intérêt
général et l'intérêt particulier, représentés par ces
deux personnes morales, pourront se combiner ou
se confondre.

Nous admettons, conformément à nos conclusions
antérieures, qu'un groupe aurait intérêt à éviter le
gaspillage de ses matières, à ménager son outillage,
bref à réduire autant que possible ses dépenses de
production, parce qu'il jouirait ainsi d'un bénéfice
plus élevé. Nous reconnaissons également qu'une
division intelligente du travail, permettant un meil-
leur emploi des moyens de production et une meilleure utilisation des capacités intellectuelles ou phy-
sique des travailleurs, aboutirait à une réduction du
temps de travail pour chacun.

Mais nous savons que, dans un certain nombre de
cas, un perfectionnement technique ne peut aller

------

d'une certaine apparence et d'un prix de revient infime ;
on lui ferait promettre aussi de s'en tenir aux vieux
procédés et de fuir tous les progrès techniques qui se
traduiraient, pour un certain nombre de travailleurs,
pa un changement de lieu ou d'habitude ; etc., etc.

sans une augmentation des quantités produites, et que celle-ci n'est pas toujours possible.

Supposons qu'un groupe soit disposé à adopter une machine dont le plan lui a été soumis par un inventeur ou par un de ses ingénieurs, mais que les frais d'établissement et d'entretien de cette nouvelle machine supposent une production plus ample que celle qui est réservée au groupe. Celui-ci n'exploitera pas une découverte qui se traduirait par une augmentation du prix de revient, ou il demandera à l'Etat d'élever préalablement le chiffre de ses commandes.

Comment l'État lui donnera-t-il satisfaction ?

L'organisme central pourra tenter, si les circonstances s'y prêtent, une *application sociale de la loi des débouchés* qui veut que « chaque produit trouve d'autant plus de débouchés qu'il y a une grande variété et abondance d'autres produits ».

Si plusieurs industries ont proposé à l'administration économique d'accroître le volume de leur production, et si les besoins auxquels elles correspondent, paraissent susceptibles d'extension, l'Etat pourra élever la production dans un certain nombre d'industries à la fois sans risquer de créer la surproduction.

Mais il n'est pas nécessaire que ces conditions soient remplies pour que l'administration consente à recevoir d'un groupe un supplément de marchandises.

Dans un régime de production organisée, en effet, le nombre d'instruments de travail consacrés à une industrie déterminée serait, par hypothèse, réduit à son minimum ; si donc un groupe industriel trouvait le moyen d'accroître sa production, l'Etat gaspillerait les forces économiques à lui confiées en demandant à plusieurs groupes ce qu'un seul pourrait lui fournir — la consommation restant la même. Dans cette situation, l'administration supprimera plusieurs centres (les moins avancés techniquement), et s'engagera à transporter les commandes qui leur étaient destinées sur l'association en progrès.

En conséquence, les groupes n'hésiteront pas à exploiter les inventions nouvelles qui leur permettront — si un certain chiffre de production est atteint — d'accroître leur bénéfice par une diminution du prix de revient, ou le prix de revient étant égal, de réduire le temps de travail de chacun.

*
* *

D'autres préoccupations peuvent arrêter un syndicat sur le point d'innover. La constitution économique envisagerait nécessairement la dissolution, dans certains cas, d'une ou plusieurs associations de producteurs.

Or, si un groupe veut être sûr de pouvoir récupérer les sommes qu'il a consacrées à l'établissement d'un procédé nouveau, il faut que son existence soit garantie par l'État, jusqu'à l'expiration de la période d'amortissement tout au moins : L'État s'engagerait donc à ce sujet, et cet engagement constituerait un article de la charte de garantie qui réglerait la situation respective des groupes vis-à-vis de la société. Mais il faut remarquer que la dissolution serait rarement à craindre pour une section que ses procédés ou ses méthodes mettraient à la tête d'une catégorie industrielle.

**

Un autre cas doit être prévu. Il intéresse les travailleurs qui, ayant contribué par leurs cotisations au perfectionnement de l'outillage du groupe dont ils font partie, sont menacés d'être affectés à un nouveau groupe, un décret ayant réduit le nombre de places du premier.

Il faut décider que ces producteurs auraient néanmoins, sur l'association primitive, une créance personnelle égale au montant de leurs cotisations. Rien n'empêcherait d'ailleurs de stipuler, dans le statut demandé par le syndicat à la société, que le nombre des travailleurs ne serait pas restreint pendant un certain temps.

Nous avons dit précédemment que si une industrie recevait, à un moment donné, de la part de nombreux producteurs, des demandes d'incorporation, l'Etat ne devrait pas se baser sur le « fond des salaires » de chaque groupe pour répartir les nouveaux venus dans l'industrie considérée : l'augmentation des copartageants tendrait à anéantir le bénéfice des sections en progrès.

Mais on pourrait décider que chaque section recevrait des nouveaux membres dans la proportion du nombre de travailleurs qu'elle renferme.

Le bénéfice réalisé par un groupe — bénéfice égal à la différence entre le coût de production de ses produits et la moyenne sociale — serait évidemment provisoire. Il subirait une diminution chaque fois qu'une élévation de la moyenne sociale serait décidée par les autorités économiques ; il disparaîtrait entièrement le jour où toutes les sections s'étant élevées à la hauteur du groupe initiateur, le prix de revient social, consacré par la société, serait égal au prix de revient du groupe.

Cette restriction complète très heureusement le

système ; de cette manière chaque groupe a un intérêt constant à se maintenir à un certain niveau et à tenir la tête de l'industrie dont il fait partie, et cependan. nulle section ne peut prétendre que les quelques avant tages provisoires qu'elle tire de sa valeur technique lui assure un monopole exclusif et perpétuel. Elle peut toujours être atteinte et dépassée. Les garanties contractuelles que l'Etat accorde, à certains moments, à un groupe ne sont qu'un adjuvant momentané. L'émulation économique serait permanente, les groupes se servant mutuellement et tour à tour de modele et de niveau.

Il va sans dire qu'un perfectionnement pourrait être réalisé dans toute une industrie à la fois. Dans ce cas, le mouvement viendrait le plus souvent d'en haut. Le Parlement economique ou la chambre corporative feraient alors appel aux réserves obligatoires des syndicats. Ce renouvellement total de l'outillage n'irait généralement pas sans un remaniement des cadres du travail et une reconstitution d'ensemble.

Si le mouvement était d'abord parti d'un groupe, en ce sens que la société déciderait d'élever toute l'industrie au niveau de ce groupe, sans compter sur l'initiative des syndicats, la section qui aurait pris l'avance, et pour qui le perfectionnement serait chose faite, partagerait naturellement entre ses membres sa réserve obligatoire devenue sans objet. C'est un avantage à ajouter à tous ceux qu'on peut concevoir au profit des groupes dans le régime de décentralisation industrielle à l'étude duquel nous nous sommes attaché.

***

Nous avons eu l'occasion de regretter que les groupes n'aient pas un intérêt sensible à perfectionner la qualité de leurs produits au delà d'une qualité moyenne, officiellement déterminée. Nous avons même remarqué qu'en présence de l'égalité de rétribution à laquelle seraient soumis les produits semblables, les groupes auraient avantage à faire accepter de l'administration des articles contenant une quantité minima de travail. Ils réaliseraient ainsi, au détriment de la qualité, un bénéfice supplémentaire.

Pourrons-nous, cette fois encore, défendre contre l'égoïsme ou l'avidité des corporations la cause du progrès et de la civilisation?

Le vice que nous avons signalé vient de ce que la production collectiviste est anonyme, en ce sens que les produits issus d'un groupe sont nécessairement confondus avec les produits semblables émanant des autres groupes, de telle sorte qu'ils échappent à la censure intéressée des consommateurs.

Dans la société actuelle, la consommation est souveraine ; elle décide de la vie ou de la mort des entreprises ; certe, on ne prétend pas pour cela que la production soit parfaite, mais on doit dire, en tout cas, qu'elle exprime approximativement les goûts du public.

C'est à ce public qu'il faut permettre d'exercer, dans le collectivisme, son droit de libre critique, en lui donnant les moyens de reconnaître derrière chaque produit les producteurs responsables.

Cette première partie du problème n'offre aucune difficulté. Il suffit d'exiger tout simplement des associations industrielles qu'elles opposent une marque à leurs produits ; il sera alors possible aux consommateurs d'apprécier, d'après les produits, les qualités propres de chaque association de producteurs et de rester attachés aux « marques » qui leur auront donné satisfaction.

L'administration pourra donc tenir compte des desiderata du public et prendre les mesures nécessaires pour augmenter les commandes des groupes dont les produits auront reçu des consommateurs l'accueil le plus favorable.

Nous savons qu'il serait presque toujours possible

d'augmenter la production à l'intérieur des sections et que celles-ci y auraient intérêt. S'il fallait même, dans ce but, réunir sous la direction de certains chefs de groupe un plus grand nombre de travailleurs, ceux-ci seraient empruntés aux groupes dont les produits auraient été le moins prisés de la consommation et seraient, par conséquent, le moins demandés dans les ,asins publics. Ces groupes verraient naturellement diminuer leurs commandes, en attendant peut-être leur complète disparition.

Nous ne pouvons envisager ici, toutes les mesures générales ou particulières, définitives ou provisoires, que l'administration prendra pour étendre ou restreindre les entreprises, de manière à livrer autant que possible aux consommateurs des produits de leur choix ; mais nous comprenons que, sur ce point encore, le collectivisme porte en lui des remèdes à ses propres maux.

Nous reconnaissons que *l'esprit de conservation*, à défaut de tout autre ressort de progrès, incitera les groupes à croître pour ne pas tomber, et à ne rien négliger de tout ce qui pourra leur attirer notre estime, notre confiance... et notre clientèle.

L'administration, en effet, penchée sur l'opinion publique, la consacrera par des mesures qui, à l'égard des associations industrielles, constitueront des sanctions. Sous la pression des demandes, et, au besoin, des réclamations ou des suffrages, les assemblées ou les conseils économiques, adapteront sans cesse la production à la consommation, non seulement au point de vue de l'équilibre économique (qui ne se soucie que des quantités) mais encore au point de vue de la qualité ou de la mode.

Lorsque la qualité ne procéderait pas exclusivement d'une meilleure utilisation des capitaux ou des matières et exigerait des procédés spéciaux et plus coûteux, les nouveaux articles seraient déclassés et soumis à une moyenne sociale particulière.

BIBLIOGRAPHIE

Marx (Karl). — *Le Capital*. Traduction Roy. (Librairie du Progrès.)

Marx (Karl) *et Engels* (Frédéric). — *Le Manifeste communiste*. Traduction nouvelle par Charles Endler. (Société nouvelle de librairie et d'édition.)

Bernstein (Edouard). — *Socialisme théorique et Socialdemocratie pratique*. Traduction d'Alexandre Cohen. (Ed. Stock.)

Schœffle. — *La quintessence du socialisme*. Traduction de Benoît Malon. (Société nouvelle de librairie et d'édition.)

Deville (Gabriel). — *Aperçu sur le Socialisme scientifique*, en tête d'une édition résumée du capital de Marx. (Ed. Flammarion.)

Deville (Gabriel). — *Principes socialistes*. (Ed., Giard et Brière.)

Deville (Gabriel). — *Socialisme et Propriété*. Discours prononcé à la Chambre des députés le 6 novembre 1897 et publié sous ce titre par la *Petite République*.

Vandervelde (Emile). — *Le Collectivisme et l'évolution industrielle*. (Société nouvelle de librairie et d'édition.)

Vandervelde (Emile). — *Le Socialisme et l'Agriculture.* (Ed., Giard et Brière.)

Guesde (Jules). — *Problème et solution.* (Ed., Jacques.)

Guesde (Jules). — *Double Réponse à MM. de Mun et Deschanel.* Discours prononcés à la Chambre des députés, le 15 et 24 juin 1896, et publiés par les soins de la Société nouvelle de librairie et d'édition.

Millerand (Alexandre). — *Le socialisme réformiste français.* (Société nouvelle de librairie et d'édition.)

Renard (Georges). — *Le régime socialiste.* (Ed., Alcan.)

Jaurès (Jean). — *L'organisation socialiste.* (Revue socialiste 1895, n°s 123, 124, 126, 128, n° 137.)

Jaurès (Jean). — *Le socialisme et la liberté.* (Revue de Paris, 1er décembre 1898.)

Jaurès (Jean). — *Le socialisme et la liberté.* (Revue socialiste mai 1900.)

Jaurès (Jean). — *Etudes socialistes.* (Ed. des « Cahiers de la quinzaine ».)

Meuger (Anton.). *L'Etat socialiste.* Traduction d'Edgard Milhaud. (Société nouvelle de librairie et d'édition.

Kautsky (Karl). — *Le lendemain de la Révolution sociale.* (Mouvement socialiste, février et mars 1903.)

Deslinières (Lucien). — *Application du système collectiviste.*

Mermeix. — *Le socialisme.* (Ed. Ollendorf.)

Dazet (Georges). — *Lois collectivistes pour l'an 19...* (Ed., Cornély).

Bellamy (Edward). Cent ans après ou l'an 2.000. Traduction de Paul Rey. (Ed., Dentu.)

Fournière (Eugène). — *L'Idéalisme social.* (Ed., Alcan.)

Leroy-Beaulieu (Paul). — *Le collectivisme. Examen critique du nouveau socialisme.* (Ed., Guillaumin.(

Bourguin (Maurice). — *Les systèmes socialistes et l'évolution économique.*)Ed., Armand Colin.)

TABLE DES MATIÈRES

Imprimerie de la Librairie GIARD et BRIÈRE, 16, rue Soufflot, Paris.

www.ingramcontent.com/pod-product-compliance
Ingram Content Group UK Ltd.
Pitfield, Milton Keynes, MK11 3LW, UK
UKHW021740090726
13657UKWH00002B/839